# 一発OKが出る資料
# 簡単につくるコツ

The Subtle Art of Winning Business
Proposals and Plans

コクヨ株式会社
ワークスタイルコンサルタント
下地寛也
Kanya Shimoji

三笠書房

はじめに

# 「いい資料」をつくる人は、例外なく「いい仕事」をする！

仕事ができる、できないは、**その人がつくった資料を見れば、すぐわかります**。

意外に思う人もいるかもしれませんが、考えてみればこれは当然のこと。

資料づくりには、仕事で必要な能力のすべてが集約されているからです。

逆に言えば、**資料づくりが上手になればなるほど、仕事の能力も向上**します。

ですから、この本は「一発ＯＫが出る資料」のつくり方が身につくだけでなく、問題解決力などの仕事能力も身についてしまう――といった、ある意味、**とても効率的かつメリット感満載の本**なのです。

「いい資料」をつくるには、まず仕事に対して一定レベルの問題意識が必要です。そして現状の「最大の問題点」を特定し、その問題の「本当の原因」を見つけます。

最後に、その問題を解決する「最高の解決策」を提案。スケジュールや予算など具体的な計画を提示し、**「最大の効果」はもちろん「最大の実現性」もアピール**します。

しかも、その資料には、誰もがつい読みたくなるタイトルがつけられていて、最初のページから決裁者の心をつかみ、読みやすく、あきさせず、最後のページで思わず納得、OKする——このような、まさに「一発OKが出る資料」をつくる人であれば、例外なく「いい仕事」をするのは間違いありません。

では、その「一発OKが出る資料」をつくるには、どうすればいいのでしょうか。

結論から言えば、**次の6つのポイントを押さえるだけ**でつくれます。

**①一発OKが出る資料には「共通の型」がある!**

資料は「伝える順番」が9割。まずは「相手がOKしやすい構成」を考えます。

**②「最初の1枚」で人をつかみ「最後の1枚」で人を動かす!**

資料の「6つの要素（目的・問題点・原因・解決策・目標・計画）」を練ります。

**③資料の説得力は「資料の細部」に宿る!**

タイトル・メッセージ……決裁者の心を動かす「細部」に、ちょっとこだわります。

④ **見るだけで理解できる「最強の文章」を書く！**
説得力のある文章はすべて短い文章。「一瞬で強くアピールするコツ」を使います。

⑤ **「図解・表・グラフ」で相手を本気にさせる！**
「4つの図」と「3つのグラフ」を使いこなして、資料の印象を向上させます。

⑥ **いいデザインはつねに「シンプル」。だから伝わる！**
決裁者をその気にさせる「伝えたいことが確実に目立つ」体裁にします。

この6つのポイントは理解しやすいように、そのまま本書の構成にしました。

本書では、これまで私が見てきた提案書や企画書などの具体的な事例を交えて、**「一発OKが出るためのツボ」を一つひとつ丁寧に紹介**します。それぞれの事例は、機密保持のためにアレンジしていますが、すべて実際にあった仕事をもとにしています。

本書を読み終えた頃には、皆さんの資料づくりのレベルが上がっているだけでなく、仕事の問題点がすぐ見つかり、解決策が確実に浮かぶようになっているはずです。

仕事の能力は、まさに**その人がつくった資料にそのまま反映される**のです。

**下地寛也**

『一発ＯＫが出る資料　簡単につくるコツ』◆もくじ

2章

# 「最初の1枚」「最後の1枚」で人をつかみで人を動かす法

一発OKが出る資料には必ず「この6つ」がある！

3章

# 資料の説得力は「資料の細部」に宿る！

決裁者が一発OKを出したくなる「表紙」「目次」「統一感」

4章

# 見るだけで理解できる「最強の文章」を書く！

文章が下手な人は結局、「考え方が下手な人」

5章

# 「図解・表・グラフ」で相手を本気にさせる！

「4つの図」と「3つのグラフ」で意外な差がつく！

6章

# いいデザインはつねに「シンプル」。だから伝わる!

資料が「一気に見やすく+読みやすくなる」体裁

Good
一発OK!

1
章

# 一発OKが出る資料には「共通の型」がある!

「構成を変える」だけで、簡単にわかりやすくなる

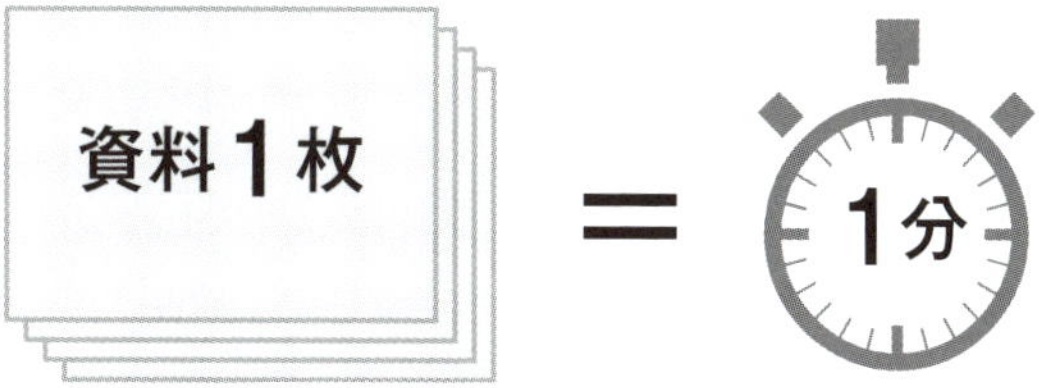

# 01

# 一発ＯＫが出る・出ないは「伝える順番」が９割！

## いい資料はすべて「問題点の特定」から始まる

「一発ＯＫが出る資料」と「ＯＫが出ない資料」の差はどこにあるのでしょうか？

９割以上は、「構成の差」と言っていいでしょう。

「構成」とは、簡単に言ってしまえば、「自分が伝える内容を、相手が理解しやすいように並べた順番」のこと。「一発ＯＫが出る資料」をつくる人は例外なく、この構成についてしっかり考えています。

ただ、ある意味、それは当たり前のこと。資料をつくる最大の目的は、「**自分が提案する内容を、決裁者に理解させ、通してもらうこと**」にほかならないからです。のちほど詳しく説明しますが、プレゼン（提案）資料における構成は「問題点の特定」→「解決策の提案」の順番がセオリー。

## 一発OKが出る資料は「構成」が違う!

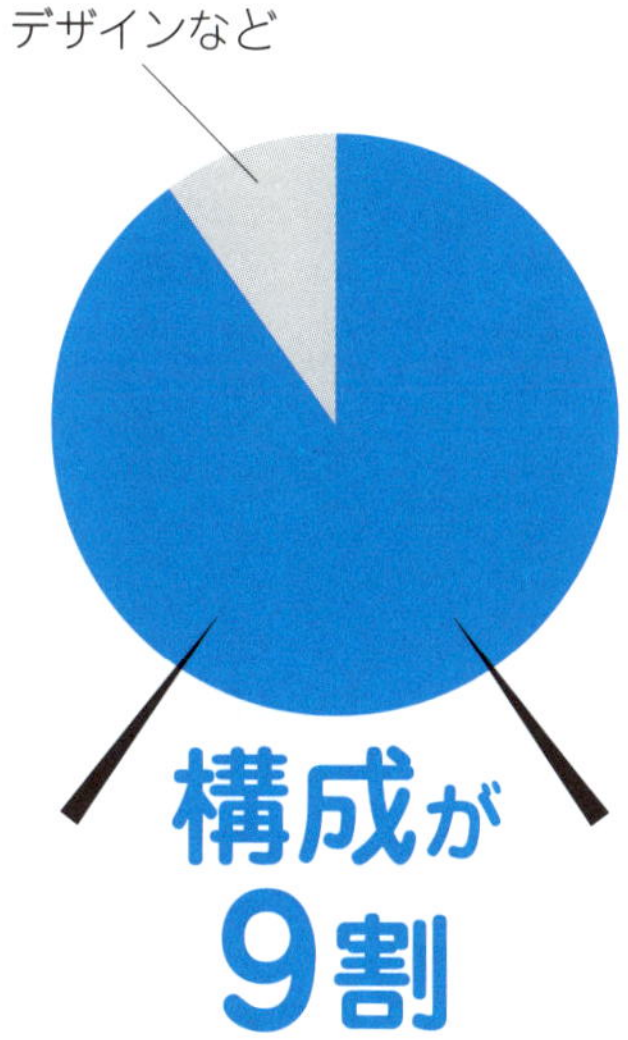


一発ＯＫが出る資料をつくれない人は、たいていこのセオリーを無視しています。つまり、単に「自分が伝えたい順番」でつくっているだけで、「どうすれば相手が理解しやすい順番になるか」を考えていないのです。具体例をあげましょう。

以前、ある営業支援部門の社員が「全国の営業支店の改善提案」の資料をつくっていました。彼の提案は「全国の営業支店のショールームを全面改装して、より多くのお客様を呼び込む」というもの。

その提案自体、私は素晴らしいと思いました。しかし同時に、コストも時間もかかるショールーム改装という提案を、決裁者がすんなり受け入れるだろうかという危惧《きぐ》の念を抱いたのです。

私は状況を把握するため、全国の営業支店のショールームの写真を見せてもらいました。すると、「壁紙が古くて空間全体が薄暗い。展示のしかたもコンセプトがなく、商品をただ並べているだけ」で、たしかに売れそうもないな、とすぐにわかりました。

そこで、一発OKが出る資料にすべく、資料の構成を変えました。

まず、順番を「問題点の特定」→「解決策の提案」のセオリー通り、「ショールームの問題点」→「解決策としての全面改装」の2段がまえに変更。前半の「ショールームの問題点」で、「ショールームの写真」「営業マンのショールームに対する不満の声」「ショールーム来訪者が激減しているデータ」などを盛り込んだのです。これで決裁者は、営業支店が抱える現状の問題点をよく理解してくれました。

その結果、これは放置できないと判断、「全国の営業支店のショールームを全面改装するという投資を決裁したのです。

全国の営業支店の現状を一番理解しているのは、提案者自身。決裁者はその現状がわかっていません。だからこそ、まずは**現状の「問題点」を決裁者に正確に伝えることが先決**。そのうえで、「解決策」を提示するという順番にすることが大切なのです。

## 「相手が理解しやすい順番」で伝える!

### 一発OKが出ない資料

この話をまず伝えたい

あれも伝えたい

これも伝えたい

**構成**　「自分が伝えたい順番」になっている

わかりにくい

### 一発OKが出る資料

まずは、**問題点の特定** → 次に、**解決策の提案**

**構成**　「相手が理解しやすい順番」になっている

わかりやすい!

# 02 できる人の資料はなぜ「シンプル」なのか？

## 「伝えたいことだけが目立つ」のがいいデザイン

一発ＯＫが出る資料をつくる人は、デザインに必要以上に時間をかけません。資料は「**伝えたいことさえ伝わればいい**」ことを知っているからです。

グラフの形や色づかいといった紙面のデザインは、「シンプル」で十分。

前項でもご紹介したように、資料の最大目的は、「自分が提案する内容を、決裁者に理解させ、通してもらうこと」。つまり、デザインは目的ではなく、**目的を果たすための手段**にすぎません。

一発ＯＫが出る資料をつくれない人は、デザインに必要以上に時間をかけています。折れ線グラフや棒グラフなど、いろんなタイプのグラフを意味もなく入れてみたり、ページごとに意味もなく色を変えて、過剰にカラフルな資料にしたりするのです。

## デザインは「シンプル」がいい!

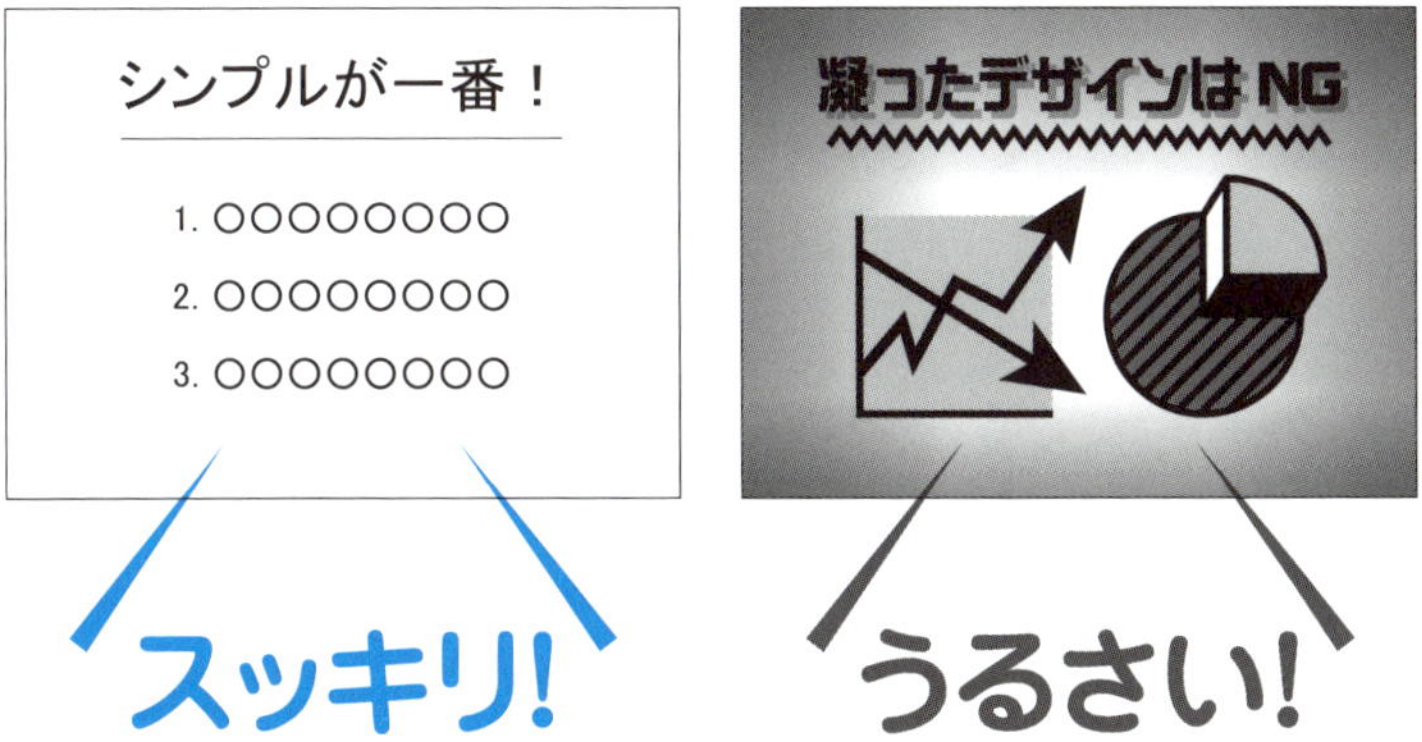


凝ったデザインのカッコいい資料をつくりたい気持ちは、わかります。

しかし、私の経験上、「デザインがカッコいいかどうか」と「一発ＯＫが出るかどうか」は、まったく関係がないのです。

資料で大事なのは「デザイン」ではなく、あくまでも「構成」。

「自分が伝える内容を、相手が理解しやすい」しっかりとした構成であれば、シンプルなデザインの資料でも一発ＯＫが出ます。逆に、デザインがどんなによくても、**構成が曖昧《あいまい》な資料は絶対に一発ＯＫは出ません**。当たり前のことです。

資料をつくる際は、まず「何を伝えたいか」を明確にすること。

そうすれば、どのタイプのグラフで何を表わすべきか、どの文字に色を加えて何を際立たせるべきか——といったデザインの答えはおのずと見えてきます。

大切なことは、**「伝えたいことだけが資料の中で目立っているか」**ということです。

たとえば、「営業利益が下がり続けている」ことを伝えたい場合。

細かい財務データ表を添付し、「２０１０年35億円あった営業利益が、２０１２年に29億円まで下がり、ついに２０１５年は20億円を切った」とダラダラと書いても、意図はすぐに伝わりません。本当に伝えたいことがぼやけてしまうのです。

それよりも、２０１０年から２０１５年の営業利益の棒グラフを使って、「２０１５年営業利益20億円を切る！」と一言入れただけのほうが確実に伝わります。

また、「来期は売上拡大より、営業利益率の改善を優先する」という主旨を伝えたいのであれば、売上の目標、経費の目標、営業利益率の目標のすべてに色をつけるのは逆効果。それより、「営業利益率の目標」だけに色がついているほうが、何が一番大切なのかが一瞬でわかります。

「一発ＯＫをもらう」という目的にこだわるのであれば、シンプルでも、伝えたいことだけが目に飛び込んでくる資料をつくることを心がけましょう。

## 「大切なこと」だけを目立たせるコツ

文章でダラダラ書いても「どこが大切か」わからない

**営業利益の現状について**

2010年35億円あった営業利益が、2012年には29億円まで下がり、ついに2015年は20億円を切った。

↓

**営業利益の現状について**

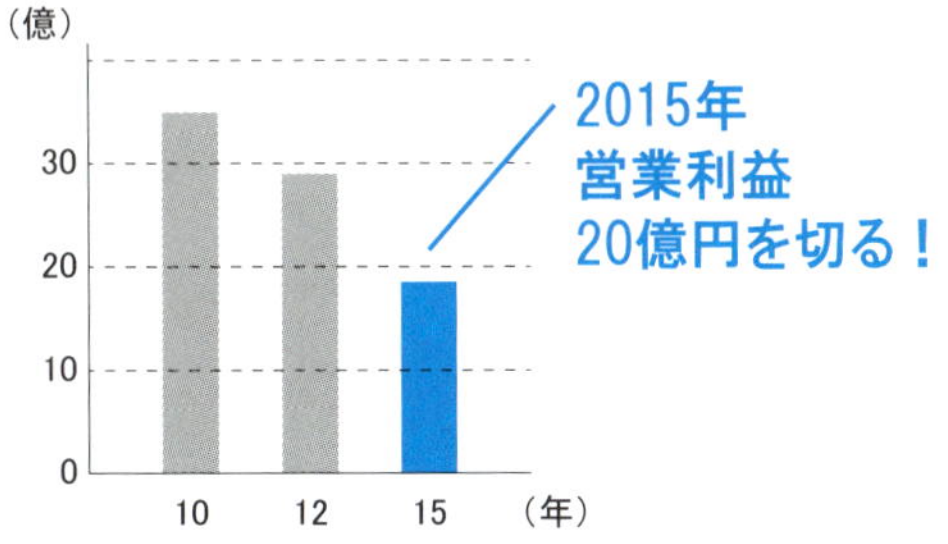


**棒グラフを使えば、結論だけが目立つ!**

# 03

# 資料「1ページ」に「情報1つ」が基本

## 上司は「一度に1つのことしか理解できない」

資料に盛り込む情報は、少なければ少ないほどいい——。

情報が少ないほうが、相手が理解しやすいからです。具体的に言えば、伝えるべき情報は「**資料1ページにつき、情報を1つに絞る**」が基本。

人は「一度に1つのことしか理解できない」からです。

1ページに2つ以上の情報があると、読み手は混乱するだけ。だから、1つに絞る。一発ＯＫが出る資料の鉄則と言っていいでしょう。

具体例をあげましょう。実際に私が見た「残業削減の提案資料」です。その資料には、1ページにじつにたくさんの情報が盛り込まれていました。つまり、非常に理解

## 「情報1つ」はインパクトがある!

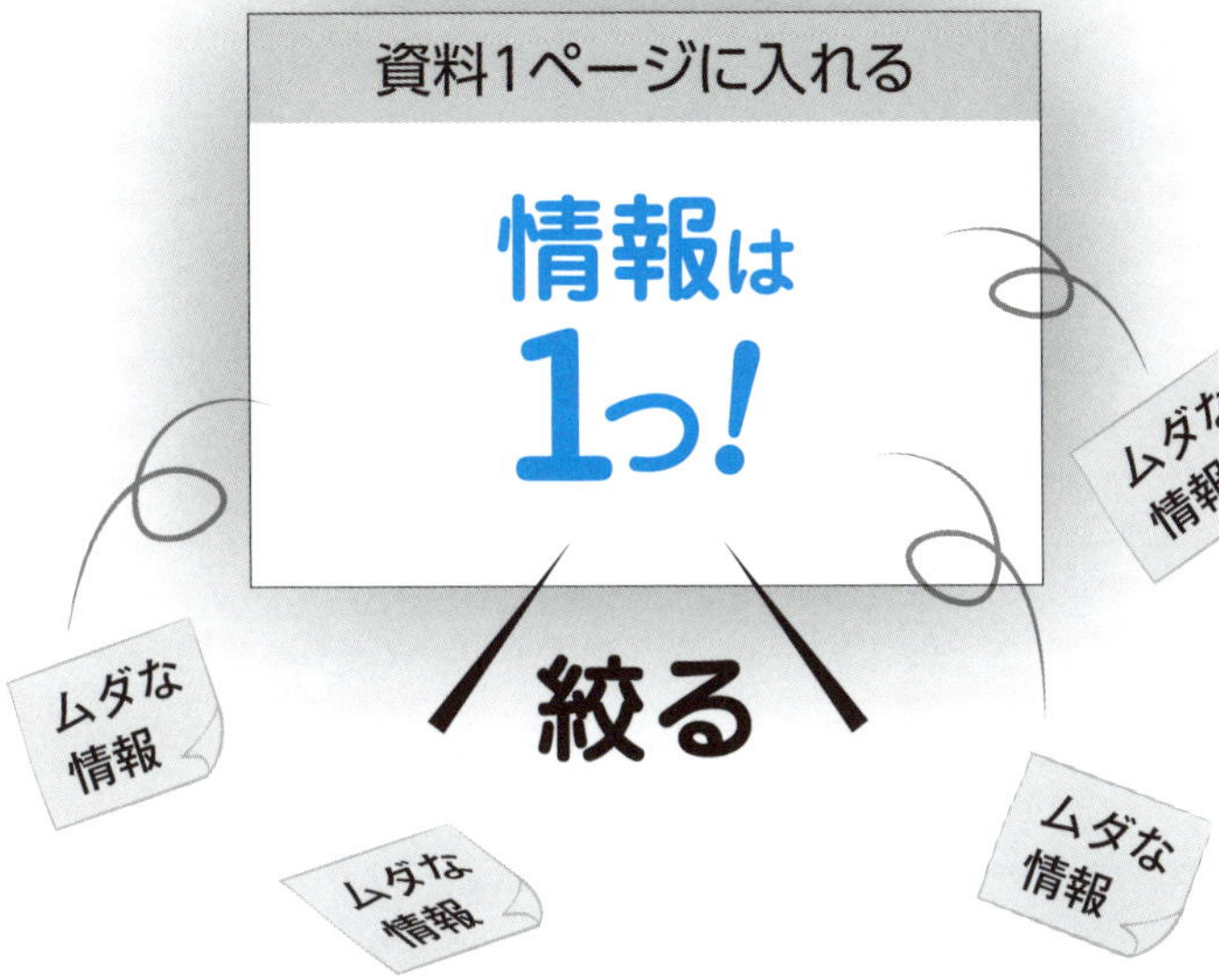


しづらい資料だったのです。

具体的には、あるページでは、冒頭に次のようなメッセージから始まっていました。

「残業が特に多いのは、組織変更が多く家具の発注が増える需要期の3月。残業削減に対する上司の意識はまだ低いと言える」

このメッセージの下、そのページには、月次の残業推移の表と、残業に対する社員アンケート結果のデータが貼られていました。資料のつくり手は、残業の問題点をいろいろと盛り込もうとしたのでしょう。

しかし、これでは、読み手にとっては

「3月の残業が多い」ことと「上司の意識が低い」ことの2つの情報の因果関係がわかりません。

ただ、この資料も「資料1ページにつき、情報を1つに絞る」と、一気に読みやすくなります。

まず1ページ目で「残業が特に多いのは需要期の3月」ということだけを伝えます。残業時間の月次グラフを添えるとわかりやすいでしょう。そうすると読み手は、「残業の問題を解決するには、特に需要期の3月をどうするべきかを考えればいいのだな」と理解できます。

次に2ページ目で、「残業に対する上司の意識はまだ低い」ということだけを伝えます。管理職と一般職のアンケート結果の比較を行なうと、説得力が高まるでしょう。そうすると読み手は、「残業の問題を解決するには、管理職に対して何かしなければいけないのだな」と理解できます。

1ページに入れる情報を1つに絞ることで、読み手は1つひとつのことをしっかり理解しながらページをめくることができます。ページをめくるペースと情報を理解するペースが合って、**資料の内容がリズムよく頭に入ってくる**のです。

## 「情報が少ない」ほうが理解しやすい!

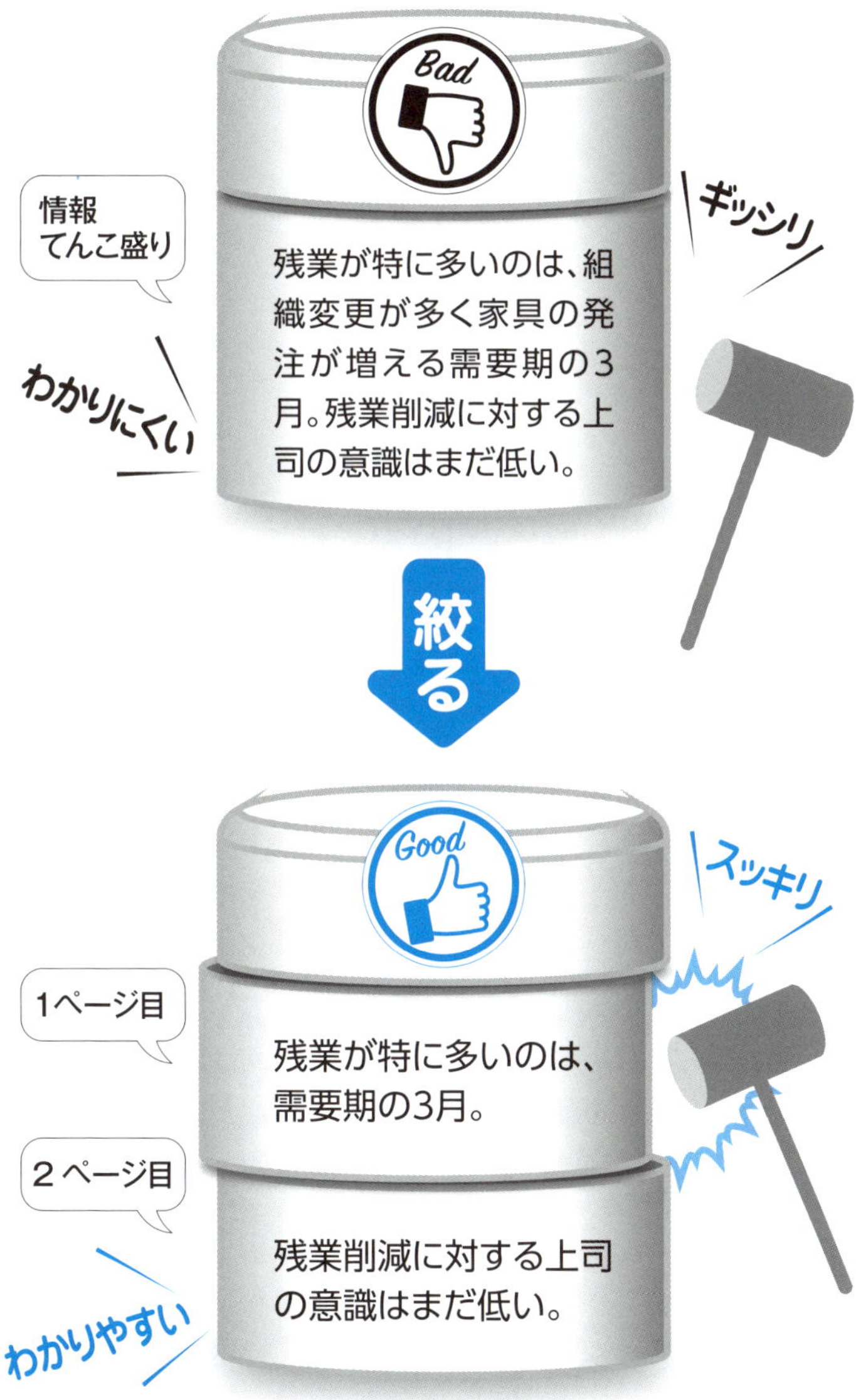

# 04 いい資料はどんなに長くても「12ページ」以下

## 決裁者に「1分以内で中身を理解させる」法

「資料のページ数は、どれくらいがいいのでしょうか?」――。

私は仕事柄、よくこうした質問を受けます。

結論から言うと、資料は、**どんなに長くても12ページ以下に抑える**こと(表紙は除きます)。

たいてい決裁者は、忙しくて時間の余裕がないものです。できれば、資料をパラパラとめくるだけで、概要を理解したいというのが本音。

長くても**1分以内で概要をつかみたい**と思うものです。ですから、資料のページ数は少ないに越したことはありません。

一発OKが出る資料をつくる人は、そのあたりも心得ているもの。

## 1分で全体を理解できる量──ページ数のコツ

資料1ページに入れる情報を1つに絞り、その情報をグラフや図を使って際立たせます。これなら1ページの概要を5秒くらいで理解できます。

「1ページ・1情報」であれば、資料が12ページあったとしても、1分で概要が理解できます。たとえ説明する時間が取れないときでも、決裁者がペラペラとページをめくれば、あなたが何を伝えたいのかが理解できるわけです。

一発OKが出る資料をつくれない人は、まず資料のページ数を抑えようという意識がありません。むしろ、「資料のページ数が、仕事をしている証」と言わんばかりに分厚い資料を持ってくることすらあります。

上司から「よくわからない」と言われると、次回は、さらに様々な情報を加え、詳細な説明文章を入れようとします。そして資料の内容は、どんどん複雑で理解しにくいものになっていくのです。

上司の「よくわからない」という言葉は、そもそも意味が違うのです。

上司の「よくわからない」という言葉は、ほとんどの場合、「話の詳細がわからない」ではなく**「話の全体像がわからない」という意味**。つまり、細かい説明を盛り込めば盛り込むほど、余計にわかりにくくなっていくのです。

むしろ話の枝葉を切って、ペラペラとページをめくって1分ほどで伝わるような、**幹となるメッセージを際立たせる**ことが大切。

実際の会議では、1ページあたり1分で説明すると、12分で内容を伝えることができます。1つの議題に対して与えられる時間は20~30分程度でしょうから、質疑の時間を残して、これくらいの時間で説明するのが適切でしょう。

情報は少ないほうが脳に負担がかからず、スッと頭に入ってきます。

情報を「モレなく入れる」から「できるだけ削る」に発想を切り替えましょう。

「12枚でまとめる」すごいメリットとは?

## 資料は最大12ページ

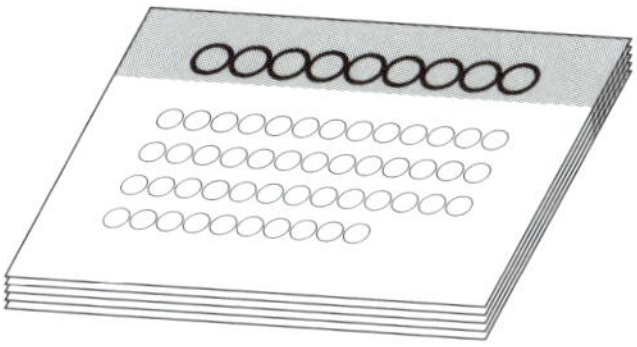

**会議で説明するとき** ―― テンポよく1分で説明

目的 → 問題点 → 原因 → 解決策

1分　1分　1分　1分

**12枚 × 1分 = 12分**
で理解できる

**時間がないとき** ―― 5秒でパラパラめくる

目的　問題点　原因　解決策

5秒　5秒　5秒　5秒

**12枚 × 5秒 = 1分**
で概要がわかる

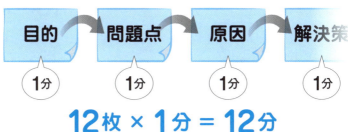

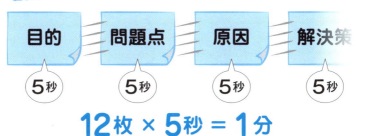

## 05

# プレゼン資料では「解決策」、報告資料では「結果」が大事

### プレゼン上手・報告上手の「意外なコツ」

会議の資料には、「**報告資料**」と「**プレゼン資料**」の2種類があります。

一般的に、「報告資料」とは、「販売実績の報告書」や「市場調査の報告書」といった結果を報告するための資料。

「プレゼン資料」とは、「営業改革の提案書」や「イベントの企画書」などのように、自分の提案をまとめた資料のことです。

ほかには簡単な連絡資料や依頼資料もありますが、会議で使うまとまった資料は主にこの2つです。一発ＯＫが出る資料をつくる人は、この2つがまったく別物だということを知っています。

その違いは、**決裁者が何を求めているか**——です。

## 基本――資料には「2種類」ある!

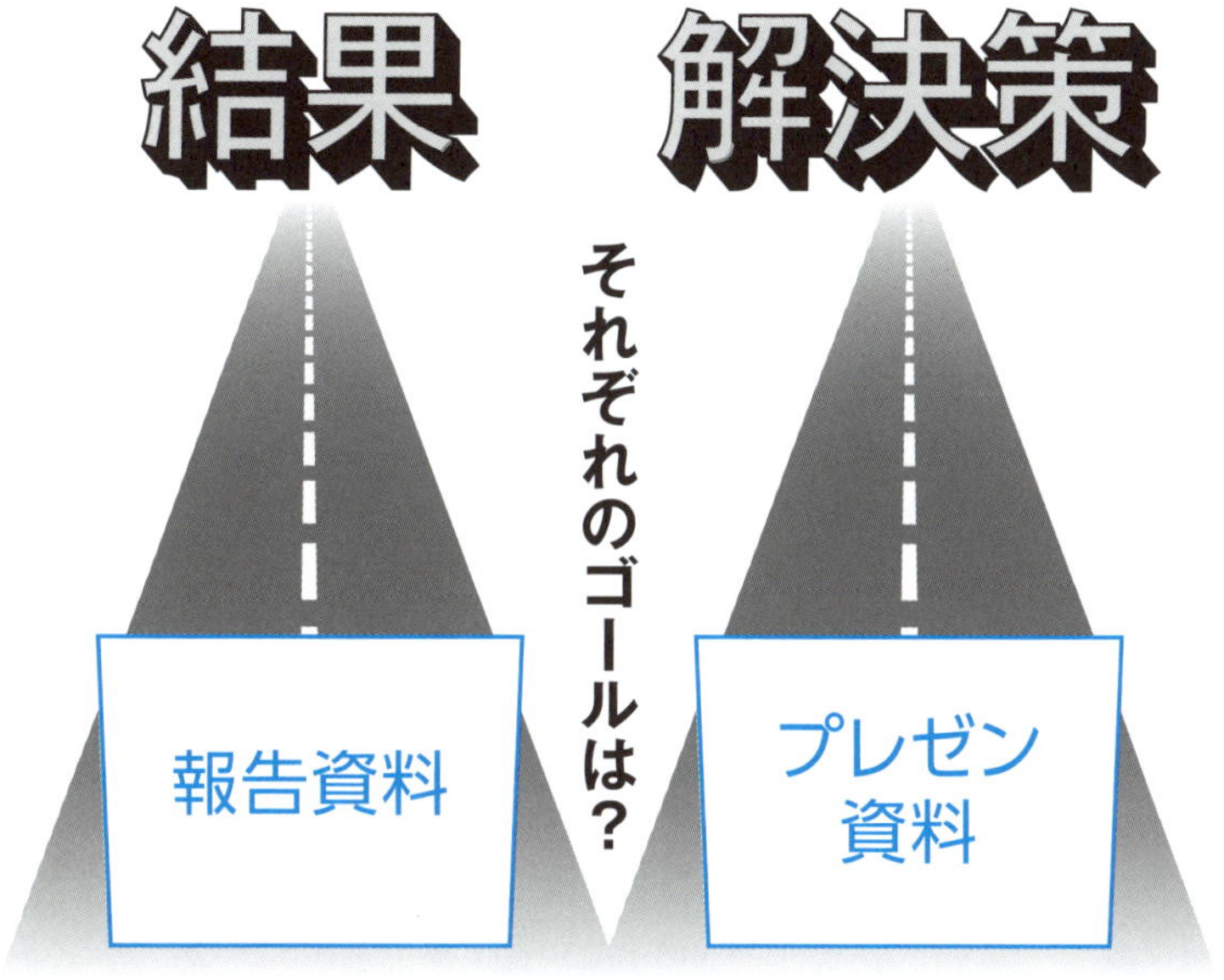


決裁者が「報告資料」で知りたいのは「**結果**」。

「プレゼン資料」で知りたいのは「**解決策**」。

この本では「プレゼン資料」のつくり方を中心にお伝えしますが、この違いがあるために、おのずと2つの資料の「構成」にも違いが表われてきます。

「報告資料」の構成は「**計画**」→「**結果**」の順番になります。

たとえば、「販売実績の報告書」であれば「販売目標（計画）は月間1500個」→「販売実績（結果）は月間1683個で目標達成」という順番。「市場調査の報告書」であれば、「今回の調査計画は、市場規模と競合の動向を把握すること」→「調査結果は、市場規模は1500億円、強力な競合はおらず上位5社で市場の3割を占有している程度。まだ参入の余地はある」という順番になります。

「プレゼン資料」の構成は「**問題点**」→「**解決策**」の順番になります。

たとえば、「営業改革の提案書」であれば、「売上低迷の問題点は、新規開拓の遅れにある」→「解決策は、新規開拓の専門部署をつくる」という順番。

「イベントの企画書」であれば、「販促活動の問題点は、広告中心でサービスのよさが伝わっていないこと」→「解決策は、商品を実際にユーザーに体感してもらうイベントを行なうこと」という順番になります。

このように資料に盛り込む内容として、「結果」が必要なのか、「解決策」が必要なのかを意識するだけで、資料作成のスキルは上がるものです。

ただ、残念ながら、「プレゼン資料」において、「解決策」が欠落しているケースを頻繁に見かけます。

以前、営業支店の統括部長が、各支店の責任者に「今年の結果が出なかったことについて、来期の解決策をまとめた資料をつくる」ように指示を出したことがありまし

## 報告資料、プレゼン資料、どこが違う?

**報告資料** ── どのような計画で結果どうなったのかの順番

計画は… → 結果は…

「販売目標は月間1,500個」→「販売実績は月間1,683個で目標達成」

**プレゼン資料** ── どのような問題点があり解決策は何かの順番

問題点は… → 解決策は…

「売上低迷の問題点は新規開拓の遅れにある」→「解決策は、新規開拓の専門部署をつくる」

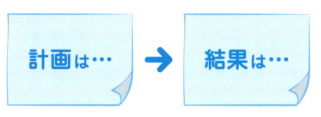

た。来期の解決策を考えるのですから、これは「プレゼン資料」になるわけです。

ところが、ある支店がつくった資料には、その解決策がすっぽり抜け落ちていたのです。要約すると、まず、「今期は売上目標13億円に対して実績11億円で目標未達」という今期の計画と結果を示したあと、「来期は売上目標13億円必達！」とあり、最後に「新規顧客で4億円、既存顧客で9億円を目指す」という内容でした。

これでは単なる来期の計画にすぎず、目標未達をどう解決するかを示せていません。

そこで、「具体的な解決策はどう考えていますか？」と質問すると、その支店の回答は「新規顧客、既存顧客それぞれ全力でがんばります」といった精神論的なものになってしまいました。これでは、解決策になりません。

たとえば、「新規開拓は専属営業を2名選び、集中的に新規訪問させる」とか「派遣社員を雇い見積作業を代行させて、営業部員が既存顧客の提案に使う時間を増やす」といったことが具体的な解決策と言えるのです。

まずは、自分が提案する資料が「報告資料」なのか、「プレゼン資料」なのかを明確にする——それが、一発ＯＫが出る資料をつくる第一歩と言えるでしょう。

# 06

# 「相手」「自分」「数字」――いい資料には「3つの視点」がある！

## 「3つの目で情報を探す」と穴がなくなる

資料づくりが下手な人に限って、会議で「思わぬ質問」をされてオロオロするもの。自分では想定もしていなかった切り口から質問をされ、思わず思考停止状態になってしまうのです。私もそのような残念な光景をたくさん見てきました。

一発ＯＫが出る資料をつくる人は、会議でオロオロすることはまずありません。すべての質問は想定内。彼らにとって、「思わぬ質問」というものはないのです。

では、なぜ会議中、まったく動じないでいられるのか――。

資料をつくる段階で、「３つの視点」を持って資料づくりをしているからです。

その視点とは、「**相手の視点**」「**自分の視点**」「**数字の視点**」の３つ。この３つを切り替えながら資料をつくれば、誰でも資料の穴をなくすことができます。

「**相手の視点**」とは、「相手が決裁するうえで**何を重視するだろうか**」という視点。

たとえば、相手が決裁するうえで、「維持費がどれくらいかかるのか」や「具体的にどのような効果が見込まれるのか」の2点を重視している場合。この2点を外していては、資料がどれだけ丁寧につくられていても、けっして通ることはありません。

一発ＯＫが出る資料をつくる人は、それを踏まえて、相手が納得するような資料づくりをしています。だから決裁者は、「この人は、自分の気にするところをしっかり押さえて考えてくれているな」と安心して決裁してくれるのです。

「**自分の視点**」とは、「提案の中に、**自分の意見をしっかり持つ**」という視点。

解決策の選択肢を列挙して、「この中からよいと思うものを選んでください」というかたちで資料をつくる人がいます。たしかに決めるのは決裁者かもしれませんが、これでは決裁者もどう判断していいのかわかりません。

一発ＯＫが出る資料をつくる人は、決裁者に判断を任せることなく、「おすすめの解決策がどれなのか」しっかりした意見を持っています。だから決裁者は、「この人は自分の考えをしっかり持っているので、この人の意見に任せてみようか」と考えて

### 3つの視点で見ると「想定外」がなくなる!

くれるのです。

「**数字の視点**」とは、「**具体的な提案をする意識**を持つ」という視点。

たとえば、「売上を伸ばす」「問題点を改善する」「コストを削減する」といった言葉がよく資料に出てきます。ただ、そう言われても、「具体的にどのくらい変わるのか」、数字が不明確では決裁者も判断のしようがありません。

提案は、これから実施するものなので、その通りになるのかは誰にもわかりません。それでも、一発ＯＫが出る資料をつくる人は、しっかりとした試算を事前に行ない、数字的根拠を盛り込んだ資料づくりをしています。

「３００万円ほどの投資が必要だが、この生産ラインを組み替えると、年間１２０万円ほどのコストダウンが見込め、３年ほどで回収できる見込み」――このように「数字で語る」ことで資料の説得力が一気に増すものです。

資料づくりが下手な人は「今ある情報を使って、どのように資料をつくろうか」と考えてしまいがち。その点、一発ＯＫが出る資料をつくる人は「どのような情報があれば、資料の穴はなくせるかな」と考えるのです。

07

# 「相手が重視する情報」は何？——一発ＯＫが出る視点①

## 「決裁者の興味をそそる資料」のつくり方

「相手が決裁するうえで何を重視するだろうか」——。

一発ＯＫが出る資料をつくる人は、「**相手の視点**」から資料づくりを始めます。

普段「相手の立場で考えよう」と言われれば、誰もが「もちろん」と思うものです。

ところが、いざ資料をつくる段階になると、そのことをすっかり忘れてしまうことがじつに多い。自分が考えた内容をすべて資料に盛り込めば、準備は完了したと思ってしまうのです。

具体例で考えてみましょう。

新商品の企画資料を会議で提示した事例です。

その企画資料は、人間工学にもとづく新技術を取り入れたオフィスチェアを提案したものでした。

セールスポイントは、「ワーカーの疲労度を軽減する」というもの。

開発担当者は、「大学と協力して、ワーカーの疲労度を軽減する効果が実証されている」こと、「新技術は特許を取っているので、簡単に他社が真似できない」ことなど、自信を持って説明しました。これまでのオフィスチェアと比べて値段は高めですが、新商品は「ワーカーの疲労度を軽減する」という点では革新的なものに思えました。

ところが、この企画は会議では通らず、再検討となったのです。

なぜでしょうか？　開発担当者に「相手の視点」が明らかに欠落していたのです。

しかも、その会議には、様々な部署の役員が出席していました。

会議の決裁権は社長にありましたが、会議に参加する役員の意見をしっかりと考慮したうえで、社長が最終判断をする体制だったわけです。

つまり、**「相手の視点」もそれだけたくさんあった**ということです。

実際、その会議では各部署の役員から、次のような質問が出ました。

営業部門の役員からは、「ワーカーの疲労度を軽減するという理由で、総務の購買

## 会議の参加者が「何を重視するか」考えよう

**立場によって重視するポイントは変わる!**

↓

# 相手の視点で考えよう

①まず、会議に参加する人を確認。

②彼らが何を重視するか考える。

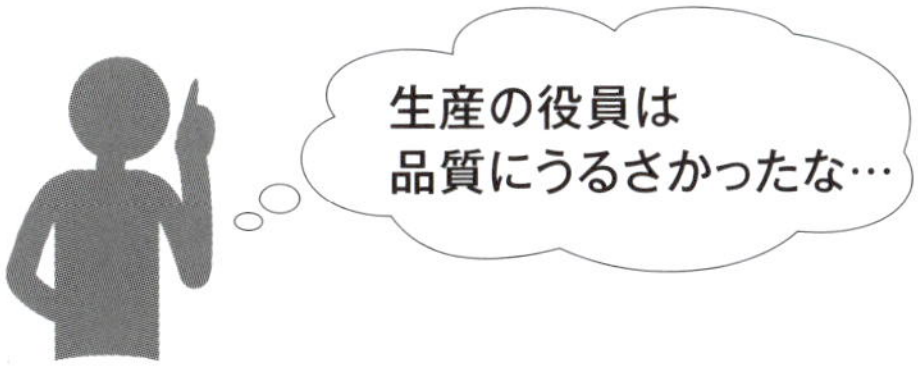

担当者はその値段で買うのだろうか?」という質問。「この値段で本当に売れるのか」という視点で考えるのが営業部門だからです。

生産部門の役員からは、「その新技術は、長期間の使用に耐えられる品質を持っているのかな?」という質問。「この品質でお客からクレームが起こらないか」という視点で考えるのが生産部門だからです。

財務部門の役員からは、「その新技術に金型投資した場合、何年くらいで投資回収できるのか?」という質問。「この投資がムダにならずに利益を生むか」という視点で考えるのが財務部門だからです。

残念ながら、新技術の開発に専念していた開発担当者は、それらの質問に十分には答えられませんでした。

社内における立場が異なれば、判断する視点も異なるものです。

相手が判断する際に必要な情報はすべて集めるべきですが、特に**相手が何の情報を重視するのかを意識する**ことは大切です。

一発ＯＫが出る資料をつくる人は、普段から相手がどのようなことを重視して仕事をしているのかをしっかり観察しています。

# 08 できる人は資料を「決裁者の目」で読み返す！

## 「社長用の資料」「部長用の資料」の違い

一発ＯＫが出る資料をつくる人は、誰が決裁者かを必ず事前にチェックします。

なぜなら、社内の**ポジションによって「資料を見る視点」が異なる**からです。「相手の視点」といっても、いろいろな「相手」がいます。

資料づくりで最も大切なのは「**決裁者の視点**」で考えることです。

そして、決裁者が社長の場合と部長の場合では、判断する視点が当然違います。

一般的に社長は「中期的」かつ「全社」視点（つまり、ある部門でマイナスが出ても、会社全体でプラスになればいいと考える）で、部長は「短期的」かつ「部門」視点（つまり、自部門がプラスにならなければいけないと考える）で判断する傾向があります。

たとえば、「間接業務効率化の提案書」をつくる場合――。

社長が見るのであれば、「その提案が実現すれば、どの程度全社の経費が減り利益が増えるのか」——つまり「全社」視点でのメリットを説明する必要があります。

営業部長が見るのであれば、「その提案が実現すれば、営業部員の間接業務の時間がどのくらい減って、営業活動の時間が増えるのか」——つまり部門にとってのメリットについて説明しなければ、その提案が通ることはありません。

資料づくりが下手な人は、誰が決裁するのかを意識していません。

だから、提案の内容自体はよくても、資料の意図が伝わらず、会議ではねられてしまうわけです。相手が誰であれ、「事実にもとづく合理的な提案であれば、通るべきだ」と考える人もいるでしょう。

その気持ちはわかりますが、結局判断するのは自分ではなく、相手なのです。

敵（決裁者）を知ることは、提案を考えることと同じくらい大切です。社長は社長の役割から、部長は部長の役割からものごとを見ます。

つまり、「部門」視点である部長に、全社的な大きな話をしてもうまくいくはずがありません。逆に、「全社」視点である社長に、経営者に判断させるには小さすぎる話を持っていっても、重要なこととは受け取ってもらえません。

決裁者が変われば攻め方も変わる!

全社視点でのメリットを説明
「経費が減り、利益が増える」

部門視点でのメリットを説明
「間接業務が減り、営業活動の時間が増える」

# 09 「自分が伝えたい情報」は何？——一発ＯＫが出る視点②

## 「決裁者の信頼を得る資料」のつくり方

資料の中に、自分の意見を盛り込むことは大切です。

いわゆる「自分の視点」——。「**提案の中に、自分の意見をしっかり持つ**」という視点です。

一発ＯＫが出る資料をつくる人は、「最高の提案」が見つからなくても、「最善の提案」はどれかを自分の「意見」としてしっかり述べます。複数のアイデアを提示しつつ、自分は「これがよい！」という考えを示すことで決裁者の判断を促すのです。

一方、一発ＯＫが出る資料をつくれない人は、資料を読んでいても、本人の意見がどこにあるのかわかりません。

たとえば、「残業削減の提案書」をつくる場合——。

## できる人は資料に「熱意」を込める!

### 自分の意見がない資料

Bad

選択肢は
A案、B案、C案
があります

で、どれがいいの?
決裁者

### 自分の意見がある資料

Good

A案、B案、C案の中で
最善は**B案**です
なぜなら…
熱意

なるほど! 任せてみるか!
決裁者

解決策として「照明を19時に消す」「部門別の残業状況を社内掲示板で公開する」「管理職がタイムマネジメント研修を受ける」など、複数の解決策を提案するまではOKです。ところが肝心の、どの解決策がおすすめなのかという自分の意見が曖昧な人が多いのです。「決裁していただければ、その案ですぐに実行に移します」というスタンスはNG。選択肢を出せば、決裁者が決めてくれるわけではありません。

提案者が結論を出していない資料を読んで、決裁者が結論を出すことはありません。提案が本当にうまくいくかどうかは誰にもわかりません。それでも一発OKが出る資料をつくる人は、様々な事実と分析によって、**「これが最善の方法です」と自信を持って提案**をします。自分の立ち位置をしっかりと示し、絶対に成功させるという「熱意」を込めた資料づくりをします。

様々な解決策を検討し、「実現性」と「効果」という視点で最善の解決策を選びます。そして「部門別の残業状況を社内掲示板で公開する方法が最善と判断しました」といった、主体性のある言い方をするのがポイントです。

決裁者の判断は「何をするか」と同じくらい「誰がするか」に左右されます。自分がその提案に対して「いかに本気か」を示すことが、決裁を通すうえで重要なのです。

# ⑩「目標とする数字」はどのくらい？——一発ＯＫが出る視点

## 「決裁者がＯＫしたくなる資料」のつくり方③

数字には、**説得力**があります。

ですから、一発ＯＫが出る資料には、必ず数字が効果的に使われています。

たとえば、「市場規模は拡大傾向」と書くのではなく、「市場規模が５０００億円を突破」といった具合に数字で具体的に示す。また「ユーザーの満足度が下がっている」という表現は、「ユーザーの満足度が70％を切った」と言い切る。

ほかにも、「新規顧客の訪問を重視していく」ではなく「新規顧客の訪問を月50件実行する」。「操作が簡単で効率化できるシステムを導入する」ではなく「操作時間を65％短縮できるシステムを導入する」……。

このように、規模や効果を言葉で曖昧に表現するのではなく、**数字で具体的に示す**

――一発ＯＫが出る資料をつくる人は、そうした「**数字の視点**」を必ず持っています。

「拡大している」「満足度が下がっている」「重視する」「効率化できる」といった表現だけでは、決裁者は「具体的には、どれくらいか」を理解することはできません。

たとえば、資料に「新規顧客の訪問を重視する」と書いたとします。ただ、これだけでは「具体的には、どのくらい重視しているか」がわかりません。

資料のつくり手の意識は「がんばっても月50件くらいかな」というものだったとします。ところが、決裁者の意識は「月１００件くらいは行ってほしい」だったとしたら、どうでしょう？

こうした**意識のズレを防ぐ**ためにも、数字で具体的に示すことが重要なのです。

「新規顧客の訪問は、これまで月30件程度でしたが、今後は月50件を目標にします」

こう書けば、意識のズレは起こりませんし、話が非常にクリアになります。

また、「正確な数字が手元にないと、数字で語れない」と言う人がいます。その通り。だからこそ、手元に数字がなければ、数字を調べる時間を取るべきなのです。

これは資料づくりの基本です。市場規模やターゲット人数であれば、インターネットや白書などをまずは当たります。そのものズバリの数字がなくても、ある程度の情

## できる人は「数字」で説得する!

市場は
**5,000億円**
突破

満足度
**70%**
切る

## 数字 = 説得力!

### たとえば、「イベントの集客」をする場合

**マクロから考える** ── 母数の数量 × 獲得できる比率

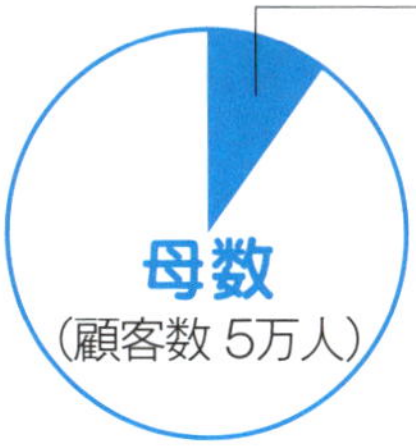


**比率**
(来場見込み 10%)
=
**5,000人**

**ミクロから考える** ── 1回の数量 × 回数

**500人/日 × 7日 = 3,500人**

**1回の数量**
(対応可能人数)

**回数**
(イベント実施日数)

報が得られれば予測することはできるでしょう。

そもそも**数字の試算すらできない解決策は、まだ十分に考えられていない**と言わざるをえません。

数字の試算をする方法は2つあります。全体の大きい数字から考える方法（マクロ）と、個別の小さい数字から考える方法（ミクロ）です。

**①マクロから考える場合「母数の数量×獲得できる比率」で試算する。**
**②ミクロから考える場合「1回の数量×回数」で試算する。**

たとえば、顧客向け新商品のお披露目イベントの集客をする場合、マクロで考えるなら「母数（顧客数5万人）×獲得できる比率（来場見込み10％）＝5000人集客」で試算します。ミクロで考えるなら、「1回の数量（イベント会場で対応できる人数500人／日）×回数（7日間のイベント）＝3500人集客」で試算します。

このとき調べた情報の出典と試算方法を必ず明らかにすること。「しっかり調査したうえで考えている」という印象を相手に与えることができます。

# 11

# 資料は「前半・後半の2部構成」が最高にわかりやすい！

## 前半では「問題点は何か？」、後半では「解決策は何か？」

一発ＯＫが出る資料は、ほとんどが、前半と後半の大きく２つに分かれています。これもある意味、当たり前のこと。本章の冒頭で、プレゼン（提案）資料の構成は「問題点の特定」→「解決策の提案」の順番がセオリーと紹介しましたが、それがそのまま資料の前半と後半になっているのです。つまり、資料の**前半で「問題点は何か？」**を説明し、**後半で「解決策は何か？」**について説明するのです。

一発ＯＫが出る資料をつくれない人は、その構成、前半と後半が曖昧なのです。ただ、ダラダラと現場で起こった状況を書き連ねるだけの資料では、「問題点は何か？」「解決策は何か？」が見えてこないので、一発ＯＫが出ることはけっしてありません。

「問題点の特定」と「解決策の提案」――。

まずは、この2点に集中した資料をつくりましょう。

なぜこの構成が効果的かと言うと、「プレゼン資料」は**問題解決の流れを資料にしていく作業**だからです。この「問題解決」という言葉を半分に分けて、資料の前半は「問題（点）」、後半は「解決（策）」でつくると覚えてください。

具体例で考えてみましょう。

ある電機メーカーの開発企画部の課長が「小規模オフィス向けプリンタの開発プロセス改善」のプレゼン資料をつくろうとしていました。その課長の悩みはここ数年、自社商品のプリンタのユーザー満足度が下がってきていること。

「なぜ、ユーザーのニーズを満たした商品が開発できていないのだろうか」――いろいろ調べたところ、問題点が見えてきました。

3年前、営業部門が厚木本社オフィスから都心の品川オフィスへ移転して以来、厚木本社にいる開発部門とのコミュニケーションが少なくなっていることがわかりまし

## いい資料は「問題点」と「解決策」がすぐわかる!

**プレゼン資料 ＝ 問題解決の流れを資料にする作業**

### 構成は 前半 と 後半 の2つに分ける!

**資料の前半**

**問題点の特定**

問題点の特定が正しいことを証明するようにつくる

**資料の後半**

**解決策の提案**

解決策の提案が正しいことを証明するようにつくる

た。課長はこれが「ユーザー満足度が下がった」原因と考えたのです。

そこで、資料の前半「問題点」と後半「解決策」を以下のようにつくりました。

**前半**：「問題点は、営業から開発へ顧客の生の声（要望）が伝わっていないこと」

**後半**：「解決策は、営業と開発が月1回、顧客の要望を共有するミーティングを持つこと」

このように前半と後半に分けて考えることで、資料は**シンプルで伝わりやすいものになる**のです。

資料に盛り込む内容は、すべて問題点と解決策を証明するためのもの――。

そう考えるだけで、資料のレベルがアップするはずです。

その内容を見ながら、決裁者は「それが本当に問題点なの？」「それが本当に適切な解決策なの？」と考えます。そして、資料の内容を詳しくあなたから聞いたうえで、問題点のとらえ方と解決策の妥当性に合意すれば、その提案が通るわけです。

次項から「問題点」と「解決策」の構成について、詳しく説明していきます。

# ⑫ 資料前半のコツ――決裁者の「危機感」を刺激する！

## 目的・問題点・原因――「危機感を刺激する」3つのポイント

資料の前半で、一番大切なことは何でしょうか？

つまり、「問題点の特定」で、資料のつくり手が特に意識しなければならないことは何でしょう？

それは、**決裁者にその問題点の重要性を認識させること**です。

極端な話、「この問題を放置しておくとヤバい」と思わせることです。

会社の中では日々、様々な問題が発生します。ただ、時間には限りがあるため、すべての問題に1つひとつ対応するわけにはいきません。つまり、どの問題に対応すべきか優先順位をつけなければならないのです。

まず、問題には、次の2種類があります。

①本当に「取り組むべき問題」（本書では「問題点」と呼びます）。
②単なる「目に見える問題」（本書では「現象」と呼びます）。

「取り組むべき問題（問題点）」とは、「若手のミスが、顧客の不信につながり販売数が下がっている」といったように、放置するとビジネスに悪影響が出る問題です。

「目に見える問題（現象）」とは、たとえば「若手の机の上が散らかっている」「若手の服装が乱れている」といったタイプの問題。たしかに、問題ですが、ビジネスにどのような直接的な悪影響を与えているのかよくわかりません。

一発ＯＫが出る資料をつくる人は、本当に**「取り組むべき問題（問題点）」をズバリ指摘**します。どのような背景で問題が起こり、それによってどんな悪影響が出ているのか、そもそもその問題の原因は何か――を、資料で具体的に説明します。

だから、決裁者は、その問題点の重要性を放置できないと認識するわけです。

## 取り組むべき「最大の問題点」を見つけるコツ

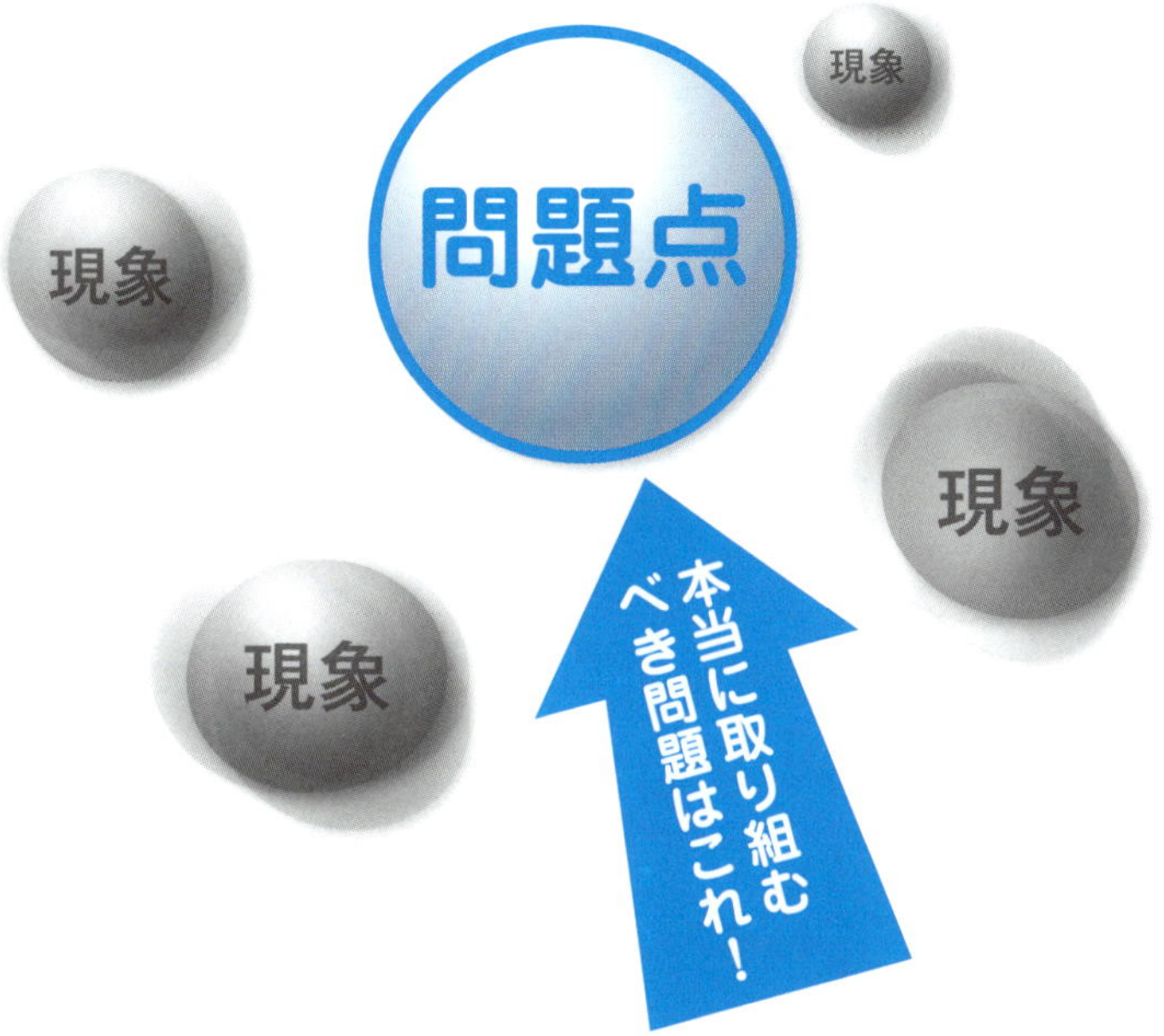


一方、一発OKが出る資料をつくれない人は、単なる「目に見える問題（現象）」の列挙になりがち。

「商品のバリエーションが少ない」「競合との差別化ができていない」「メンテナンスに時間がかかる」など、大きな問題や小さな問題をバラバラと書き連ねていることがよくあります。何に最初に取り組むべきかといった目的意識もありません。

そのため、決裁者はどう判断していいのかわからず、「もう少しポイントを絞って、本当に取り組むべき問題点は何かを示してほしい」とつき返すことになるのです。

決裁者に問題点の重要性を認識させ、危機感を与えるポイントは次の３つです。

**①目的……「そもそも何のために提案しているのか」**を説明する。

**②問題点……「会社の中にある大小様々な問題の中から、どの問題点に焦点を当てるべきなのか」**を説明する。

**③原因……「その問題点を発生させている根本的な原因は何か」**を説明する。

先ほどの「小規模オフィス向けプリンタの開発プロセス改善」の資料の例で考えてみると、以下のようになります。

①目的……「市場は伸びているが自社商品の売上は低下傾向。ユーザーの商品満足度も70％を切る状況。満足度を高め売上を回復する解決策が必要」

②問題点……「営業から開発へ顧客の生の声（要望）が伝わっていない。（結果、魅力的な商品が生まれていない）」

## この3つで決裁者の「危機感」を刺激する!

### 「問題点の特定」に必要な3要素

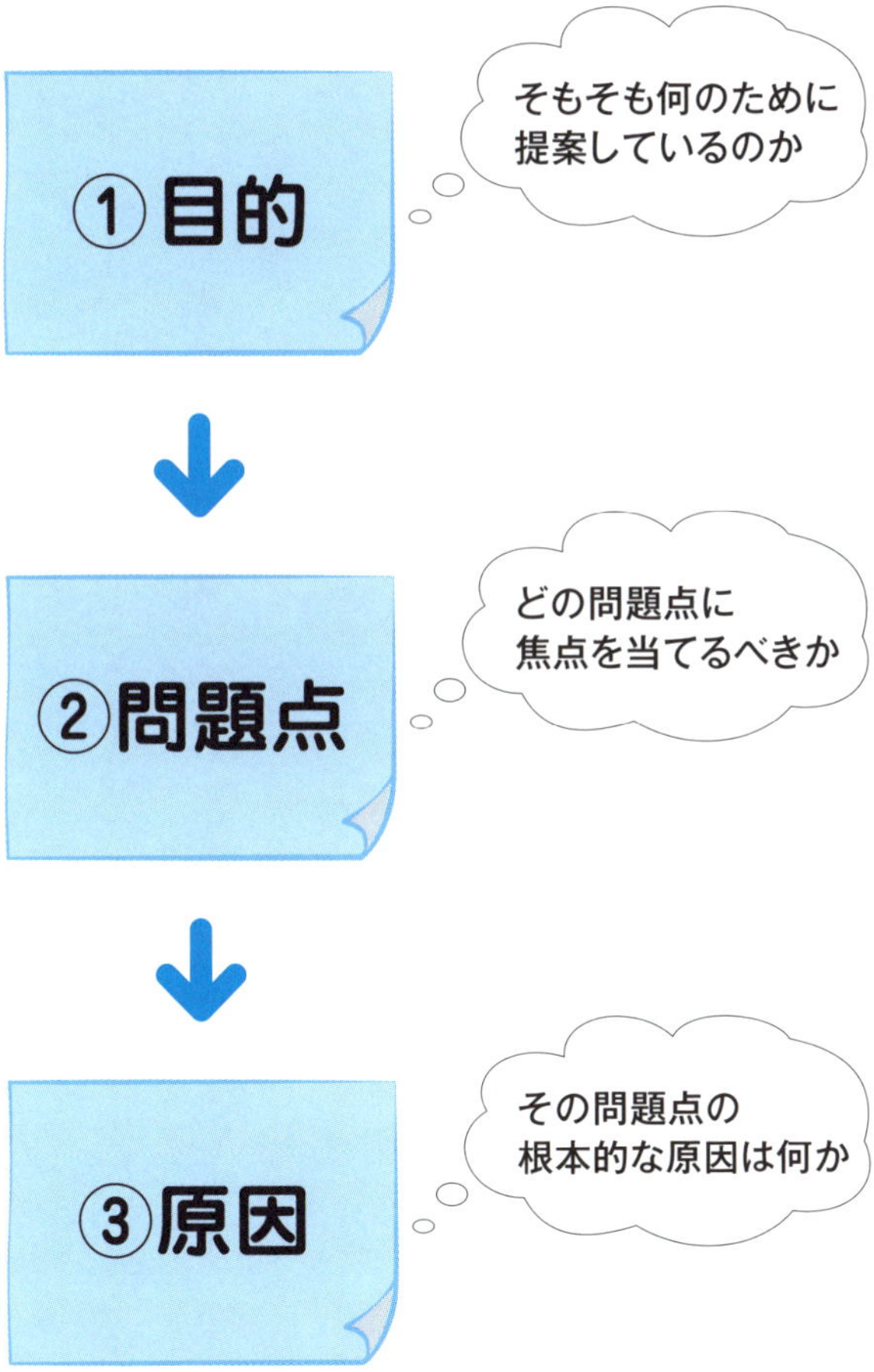
①目的
そもそも何のために
提案しているのか
②問題点
どの問題点に
焦点を当てるべきか
③原因
その問題点の
根本的な原因は何か

③原因………「営業と開発のオフィスが分かれて以来、互いの交流が極端に少なくなったため」

このように説明されると決裁者は、「市場が伸びているのに売上が伸びていないのか。商品づくりに顧客の要望が反映されていないとなるとこれは放置しておけない問題だな」と考えるわけです。

資料の前半で「問題点の特定」を行なうコツは、「目的の共有」→「問題点の特定」→「原因の究明」の3つの順番で説明すること。

どのような内容の提案であっても、この順番で説明すれば、決裁者に問題点の重要性を認識させることができます。

こうなれば、決裁者は危機感を持った状態で、次の「解決策の提案」をしっかり聞こうという準備ができるわけです。

# 13 資料後半のコツ——決裁者を「その気」にさせる!

## 解決策・目標・計画——「その気にさせる」3つのポイント

決裁者に「解決策の提案」を承認してもらう——会議最大のヤマ場です。

決裁者の「承認」をもらうことこそ、資料作成の目的なのです。

決裁者は、提示されている解決策が「机上の空論」なのか「効果があり、実現できる案」なのかを見きわめようとします。そのため、単に解決策を提示するだけではなく、**「効果がどの程度見込めるのか」**と、**「必ず実現できるという根拠」**を示すことが、承認を得るためのカギと言えるのです。

一方、一発OKが出る資料をつくれない人は、解決策を「提示」することが資料作成の目的と考えていることが多いようです。解決策さえ示せば、あとは決裁者任せ。「通るか通らないかは決裁者の気分ひとつなので、自分にはコントロールできない」というわけです。

単に「正しい解決策」が載っている資料と、「正しく、しかも成功しそうな解決策」が載っている資料――。

この違いは、一発でOKが出るか、出ないかを分ける「決定的な差」となります。

「効果がどの程度見込めるのか」「必ず実現できるという根拠」――あなたの解決策が「効果があり、実現できる案」であることを決裁者に伝えるポイントは3つあります。

①解決策……「複数ある方法の中で、なぜその解決策が最適か」を説明する。

②目標……「その解決策の効果がいつまでに、どの程度出るのか」数値目標を設定して説明する。

③計画……「スケジュール、体制、予算など具体的な計画」で実現できることを説明する。

前半と同じように「小規模オフィス向けプリンタの開発プロセス改善」のプレゼン資料の例で考えてみると以下のようになります。

## この3つで決裁者を「その気」にさせる!

### 「解決策の提案」に必要な3要素

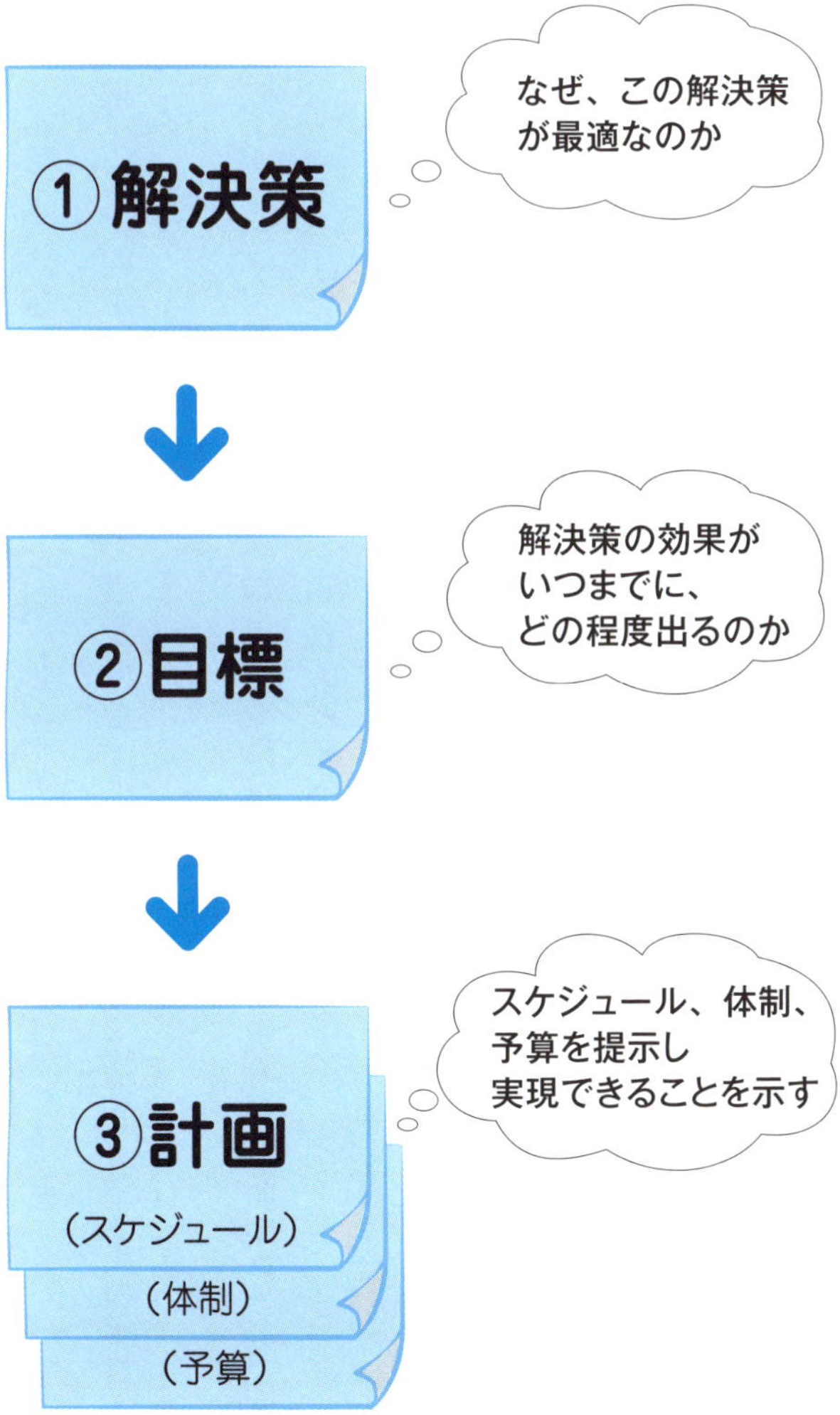
①解決策
なぜ、この解決策が最適なのか
②目標
解決策の効果がいつまでに、どの程度出るのか
③計画
(スケジュール)
(体制)
(予算)
スケジュール、体制、予算を提示し実現できることを示す

①解決策……「営業と開発が月1回、顧客の生の声（要望）を共有するミーティングを開催する」
②目標……「1年後に顧客の満足度を90％以上に引き上げ、売上を前年対比120％にする」
③計画……「営業と開発の課長を3名選び、毎月第3金曜日13時から2時間、品川オフィスでミーティングを実施する」

決裁者は、解決策の具体的な効果と実行計画が示されていることで、スムーズに決断ができるわけです。

以上、プレゼン資料の構成要素の前半3つと後半3つの合計6つについて説明しました。

実際は、提案する内容によって、6つの要素をすべてしっかりと記載するときもあれば、省略することもあるでしょう。しかし、「構成」の流れを決めておきさえすれば、問題解決という「中身」を集中して考えられるようになるのです。

2
章

# 「最初の1枚」で
# 人をつかみ
# 「最後の1枚」で
# 人を動かす法

一発OKが出る資料には必ず「この6つ」がある!

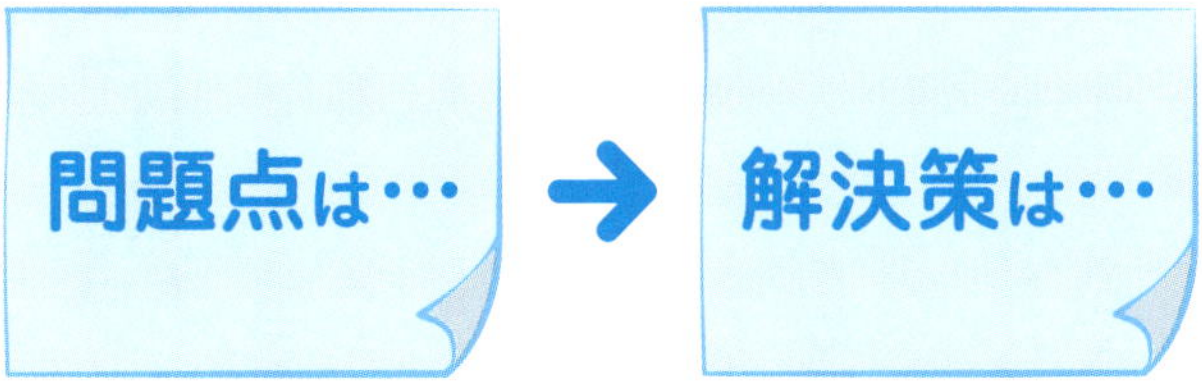

# 14

# 「一発OKが出ると、達成できること」を資料冒頭に書く

## 資料の前半（問題点の特定）①——目的の共有

それでは、プレゼン資料の6つの構成要素——「目的」「問題点」「原因」「解決策」「目標」「計画（スケジュール、体制、予算）」——について考えていきましょう。

一発OKが出る資料は、ほとんどの場合、資料の「目的の共有」から始まります。それもそのはず。読み手が最初に知りたいことは、「この資料は、**何のために（目的）提案されているのか**」ということだからです。

たとえば、会議で提案する場合、参加者はそれぞれ知識量も違えば、資料を見る視点や立場も違うもの。だからこそ、最初に提案する資料の「目的」を伝え、**参加者の目線を合わせる**必要があるのです。

では、資料の「目的」とは何でしょう？

一発OKの基本
構成のコツ
説得力のコツ
文章のコツ
図解のコツ
デザインのコツ

## 会議参加者の「目線」を合わせるコツ

その資料で「**最終的に達成したいこと**」です。

たとえば、「エリア販売店の営業改革の提案書」の場合——。

資料の「目的」は、「営業マンの案件対応スキルを向上させ、大規模案件の受注率を回復させること」といった形になります。これが「最終的に達成したいこと」になるわけです。資料の冒頭にそう書いてあれば、参加者は「ああ、その話ね」と納得して、目的を頭に置きながら説明を聞いてくれます。

ところが、一発ＯＫが出る資料をつくれない人は、資料の冒頭で目的を説明しないまま、いきなり本題に入ってしまいます。

たとえば、「エリア販売店の大規模案件の受注率の推移データ」や「エリア販売店の営業マンへのヒアリング結果」などから資料が始まるといった具合です。これでは資料の読み手は、「これは何のための提案だっけ？」と最初からつまずいてしまいます。

「目的の共有」とは、資料の見方を会議の参加者と合わせるための行為なのです。すべての仕事には目的がありますが、ときに「何のためにやっているんだっけ？」と目的を忘れてしまうことがよく起こります。

本人は、ずっとその提案について考えているので、資料の「目的」は〝言わずもがな〟と思い込んでしまうわけです。

仮に、**全員わかっていることだとしても、資料の「目的」はしっかり冒頭に記載しておくべき**です。というのも、提案書の目的に対して認識のギャップがあると、参加者から的外れな質問が出ることさえあるからです。

たとえば、「エリア販売店は社員のモチベーションが下がっていると聞くが、それも考えるべきなんじゃないか」「そもそも商品に競争力がないんだよ、商品戦略から見直さなくてもいいのか」などなど、的外れな質問が飛び出して、会議が収拾つかな

「目的を伝える」とOKが出やすくなる!

## たとえば、「エリア販売店の営業改革の提案書」の場合

**資料の目的は**

営業マンの案件対応スキルを向上させ、大規模案件の受注率を回復させる

↓

資料の目的をわかりやすく伝えるためには?

**この2つを資料に書く!**

| 提案の背景 | 達成したい状態 |
| --- | --- |
| 売上2期連続目標未達 | 営業マン1人ひとりのスキル向上 |
| 大規模案件の受注率過去最低 | 大規模案件の受注率を3年前のレベルに |

くなることもあるのです。

「いや、それは資料の目的からズレた話だよ」と思ってもあとの祭り。資料の「目的」をしっかりと書いていないから、参加者は勝手に解釈の幅を広げていくわけです。

また、資料の「目的」をスムーズに聞き手と共有するためには、「提案の背景」↓最終的に「達成したい状態」の順番で書くと効果的です。

「エリア販売店の営業改革の提案書」の目的を丁寧に書くと、次のようになります。

**提案の背景**：「東京と福岡を除く5つのエリア販売店が2期連続売上目標未達、特に大規模案件の受注率が過去最低の結果に」

**達成したい状態**：「営業マン1人ひとりの案件対応スキルを向上させ、大規模案件の受注率を3年前のレベルに回復させること」

「提案の背景」で、過去から現在に向けて何が起こっているのかを語り、「達成したい状態」で、提案が実施されたあとでどのような状態にしたいのかを表わすのが基本。こうすることで、資料の「目的」をしっかりと共有することができます。

# 15 「この資料の提案、放っておくとヤバい」と思わせるコツ

## ツカミ――「最初の1ページ」で相手の心をつかむ法

いい資料は必ずと言っていいほど、冒頭に「**ツカミ**」があるものです。

「ツカミ」とは言っても、別に資料の冒頭で面白い話を書こうと言っているわけではありません。

「この提案は放っておくとヤバいな」――。

資料の冒頭で、読み手にこう思わせるテクニック――これが「ツカミ」なのです。

つまり、最初の資料の「目的」の中の「提案の背景」で、**提案に対する興味を持たせる**という意味なのです。一発ＯＫが出る資料をつくる人は、読み手に「この資料はしっかり読まなければダメだ」と、冒頭から危機感を持たせることがじつに上手です。

読み手は、資料の内容がどうでもいい話だと思った瞬間に、「読み流してもいいや」

と集中力のスイッチを切ってしまうもの。そうなると、提案者と同じテンションで考えなくなるので、資料の内容を十分理解できません。解決策がどんなに素晴らしかったとしても、その提案に興味さえ示さなくなるものです。ただ、安心してください。

資料の冒頭の「ツカミを書くコツ」があるのです。

そのコツとは、**「悪化しつつある現状」**＋「放置すると今後どうなるかという**ホラーストーリー**」を盛り込むことです。たとえば、次のような形です。

**悪化しつつある現状**：「国内のB2B（法人）市場でも、ネット販売の拡大により、我が社のエリア販売店の売上は3年前の80％を切る状況」

**ホラーストーリー**：「ネット販売にはない優位性を提示できない限り、来年には売上が3年前の70％、利益ベースでは50％を切る可能性がある」

このように書けば、読み手は「この提案は放っておくとヤバいな」と思うでしょう。

資料の冒頭で「ツカミ」として、「環境や時代の変化による影響が迫っている」と問題点をチラ見せさせる。これだけで、読み手の「資料を読むスイッチ」が入ります。

「この資料は重要だ!」と決裁者に思わせる法

## 資料の冒頭に「ツカミ」をつくる

＝

「提案の背景」で、読み手の
危機感をあおる

**悪化しつつある現状**

ネット販売の拡大により、売上は**3**年前の**80%**を切る状況

**提案**

**ホラーストーリー**

ネット販売にない優位性を提示できない限り、来年には売上が**3**年前の**70%**利益が**50%**を切る可能性がある。

この提案は
放っておくと
ヤバいな!

16

# 最初に解決すべき「最大の問題点」を知るコツ

## 「20：80の法則」で問題点を探せ

資料で扱う「問題」は、普段の会話で使う「問題」とは少し意味が違います。

資料づくりにおいて、その違いを知らずに曖昧な使い方をしている人がたくさんいます。そうすると、問題点を特定することもできなければ、問題点の解決策を提案することもできないといったことになります

資料で扱う「問題」——つまり、問題解決における「問題」とは「**現状とあるべき姿のギャップ**」のことを言うのです。

具体例で考えてみましょう。たとえば、住宅販売の会社で、「住宅引渡し後のクレームが、販売数の5％で発生していた」とします。

果たしてこれは問題でしょうか？

## そもそも仕事の「問題」って何?

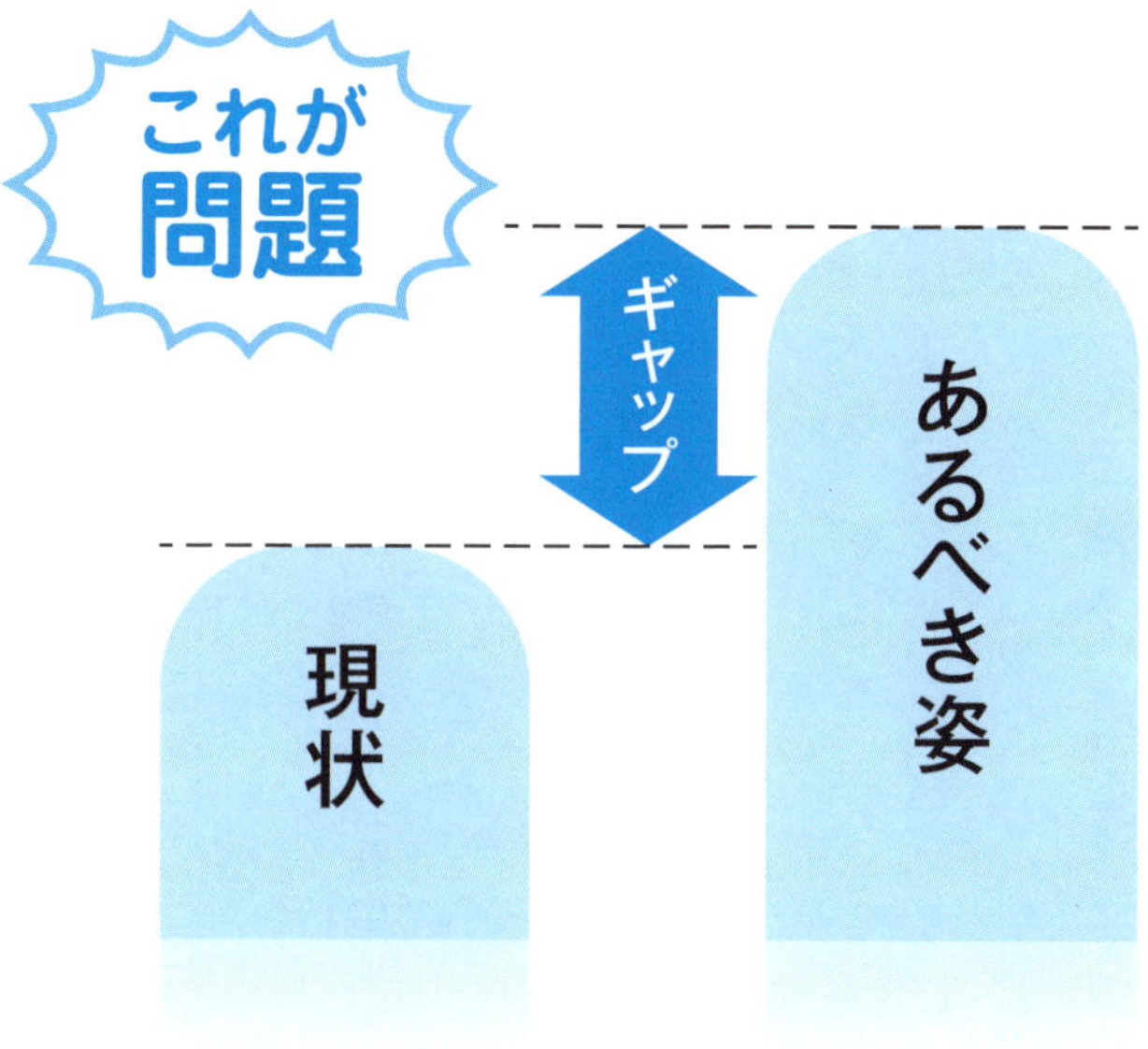


たしかにクレームが起こることは問題かもしれませんが、改善に「取り組むべき問題」と言えるかはこの時点ではわかりません。

住宅は、一生に一度の大きな買い物。ですから住宅の場合、ほかの商品と比べて、お客さんがより神経質になって、気になるところがあれば営業マンを呼んでクレームを言う傾向が強い——ということは容易に想像がつくでしょう。

たとえば、競合会社のクレーム発生率が10~15%程度だったとしましょう。

すると、「クレーム発生率が5%という数字は、それほど悪くないな」ということになります。「この部分を改善するよりほかにやることがあるのでは」と考えるほうが効率がよさそうです。

クレームが起こることは問題ではあるけれど、資料をつくって提案するほどの「取り組むべき問題」ではない。いわば、12項で述べた「目に見える問題（現象）」にすぎないわけです。

つまり、「5％のクレーム発生率」が**問題かどうかは、「あるべき姿」を設定しないと決められない**ということです。

仮に「あるべき姿」を「当社は信頼性の高いブランドをつくるために、クレーム発生率は1％以下に抑える」と定めるとします。すると、「取り組むべき問題」は、「クレーム発生率が当社基準の1％以下から4ポイント高い5％の状態になっていること」になります。

様々な「目に見える問題（現象）」の中から、何に焦点を当てるべきなのか、「あるべき姿」を考え、「取り組むべき問題（問題点）」を選ぶ――。

これが「**一発OKが出る資料をつくる人の思考回路**」なのです。

一方、一発OKが出る資料をつくれない人は、様々な現象（目に見える問題）を拾い上げるだけで、何に取り組むべきか、優先順位がついていません。

## 「あるべき姿」から最大の問題点がわかる!

まず、「あるべき姿」を定める
当社の方針
信頼性の高い
ブランドをつくる!
あるべき姿
クレーム発生率
1%以下
次に、「取り組むべき問題点」を特定する
「目に見える問題(現象)」は数多いが……
見積に時間
がかかる
机が散ら
かっている
顧客満足度
90%を切る
パンフレット
が昔のまま
クレーム
発生率5%
これが本当の
問題点!
ギャップ!
問題点
クレーム発生率
4ポイント目標未達

先ほどの、住宅販売の会社の例で考えると、「見積1件つくるのに2時間もかかっている」「営業部門の机の上はいつも散らかっている」「パンフレットが5年前からまったく内容の見直しをしていない」「顧客満足度のアンケートが90％を切った」といった具合……。

これらは、すべて「あるべき姿」を定めないと、取り組むべき問題（問題点）かどうかは判断できないのです。

会社のリソース（人、時間、お金などの資源）は有限です。

資料をつくるときに「瑣末《さまつ》な現象」に惑わされずに、「重要な問題点に集中する」ことが大切です。

そうは言っても、どの問題に焦点を当てるのか悩む人もいるかもしれません。そんな人に意識してほしいのが、**「20：80の法則」**です。

これは「目に見える問題の20％が80％の悪影響を起こしている」というものです。

つまり、**ボトルネック（結果を左右する障害）**となっている「20％の問題点」を探し出すことが問題解決の肝となるわけです。

# 17 「定量データ」「定性データ」を使うと説得力が倍増！

## 資料の前半（問題点の特定）②——問題点の特定

仕事上の問題点をすぐ見つける人と、見つけられない人がいます。

この差は、どこから生まれるのでしょうか？

**事実関係をしっかりと調べているか、どうか**——です。

事実関係をしっかりと押さえていない問題点は、単なる思いつきにすぎません。

たとえば、「残業削減の提案書」において、「営業部門の残業の問題点は、課長クラスの意識が低いことだ」と説明したとします。ところが、根拠となる事実のデータを提示できないと「本当にそれが問題なの？」と、読み手の共感は得られません。

さらに、「問題点は、課長クラスの意識ではなく、部下の事務処理能力が低いことじゃないの？」「非効率な業務が数多く残っていることが問題では？」などの指摘が入り、その後の提案がすべてムダになってしまいます。

事実関係を押さえるためには「2つのデータ」を集める必要があります。

1つは「**定量データ**」。

もう1つは「**定性データ**」です。


「**定量データ**」とは、金額、時間、人数などの**数値化できるデータ**のこと。

売上の推移、利益率の比較、作業時間の分析、組織別の人件費など、主に問題の所在や規模感を見るために活用します。


「**定性データ**」とは、ヒアリングや現地の目視調査など、文章や写真を使って表現される**数値化できないデータ**のこと。

顧客の商品の選定理由、社員の不満要素、社内の職場環境がどのようになっているかなど、主に問題の深刻さや原因がどこにあるのかを見るために活用します。

まずは「定量データ」で数字を押さえます。

数字から入ると**全体感がつかめ、しっかり調べている印象**を持たせられます。先ほどの残業問題の場合、次のように伝えるといいでしょう。

2つのデータで裏づけよう

「営業部門の平均残業時間は17時間だが、課長の残業時間が40時間を超えている部門は、部の平均残業時間も40時間を超えている。

一方で、課長の残業時間が10時間以内におさまっている部門は、部の平均残業時間も10時間以内となっている。そして、残業時間が長い部門が売上成績がよいという関連性は見られない」

次に「定性データ」で現場感を伝えます。数字に表われない現場の情報を盛り込むことで、**問題点が立体的に見えてくる**のです。たとえば、現場でヒアリングしたコメントをまとめて、こう伝えます。

「平均残業時間が40時間を超えている部門の営業マンに対するヒアリングでは、日中は終日社外にいて、見積や会議は夕方以降に行なうのが当たり前。上司や先輩が残っていると先に帰れないとの意見が数多くある。

一方で平均残業時間が10時間以内の部門の営業マンに対するヒアリングでは、課長が率先して早帰りを進めている。残業をする場合には、理由を事前に課長に伝えなければいけないとの声が聞かれた」

そして、それ以外の残業に影響しそうな要素（部下の事務処理能力や、非効率な業務など）についても現場からヒアリングをします。

その結果、有力な手がかりが見つからなければ、これらの事実関係から「営業部門の残業の問題点は、残業削減を推進すべき立場にある課長クラスの意識が低いことだ」となるわけです。

## 数字・現場感――問題点を立体的に見せる法

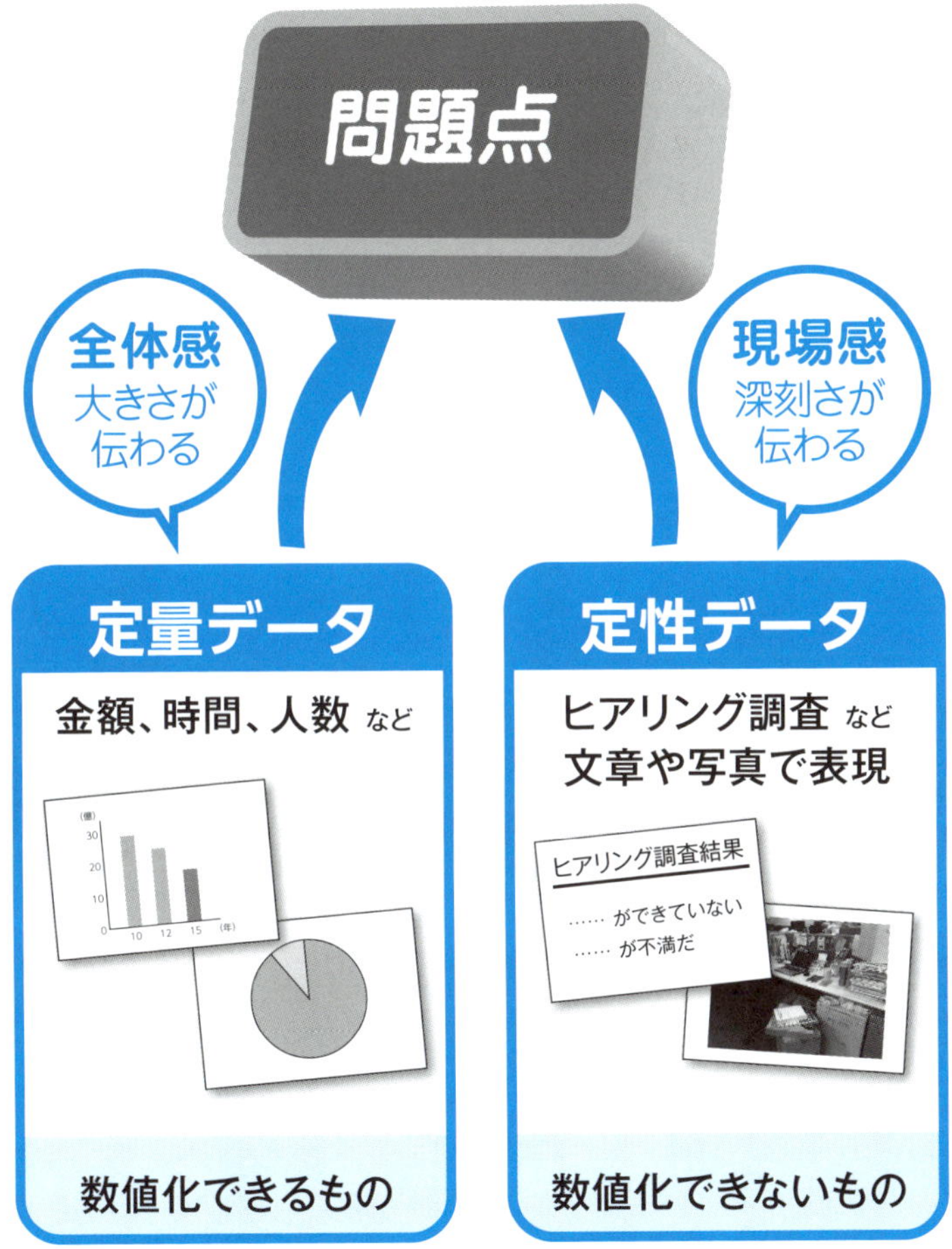


**2つのデータで**
**立体的に見えてくる!**

# 18

# 最大の問題点が発生した「本当の原因」を知るコツ

## 原因は「この8パターン」から探せ

資料では、解決策を提示する「理想のタイミング」があります。

問題点を特定したからといって、すぐに解決策を提示するのは早急すぎ。まずは、問題点を生み出す原因は何かを押さえる、つまり「**原因の究明**」をすべきなのです。

たとえば、「昨年入社した新人10人のうち、1年以内に3人が辞めた」とします。

人事部の目標（あるべき姿）は「新人の退職率は1年以内で1割未満」となっており、危機的状況です。この場合、問題点は「新人の退職率が（目標1割に対して）3割になっていること」と設定します。

資料づくりが下手な人は、このあとすぐ解決策を提示します。「新人のモチベーションを上げる研修をする」「チューター制度（世話役の先輩社員を決める）を導入する」

## 「原因と結果の法則」で考えよう

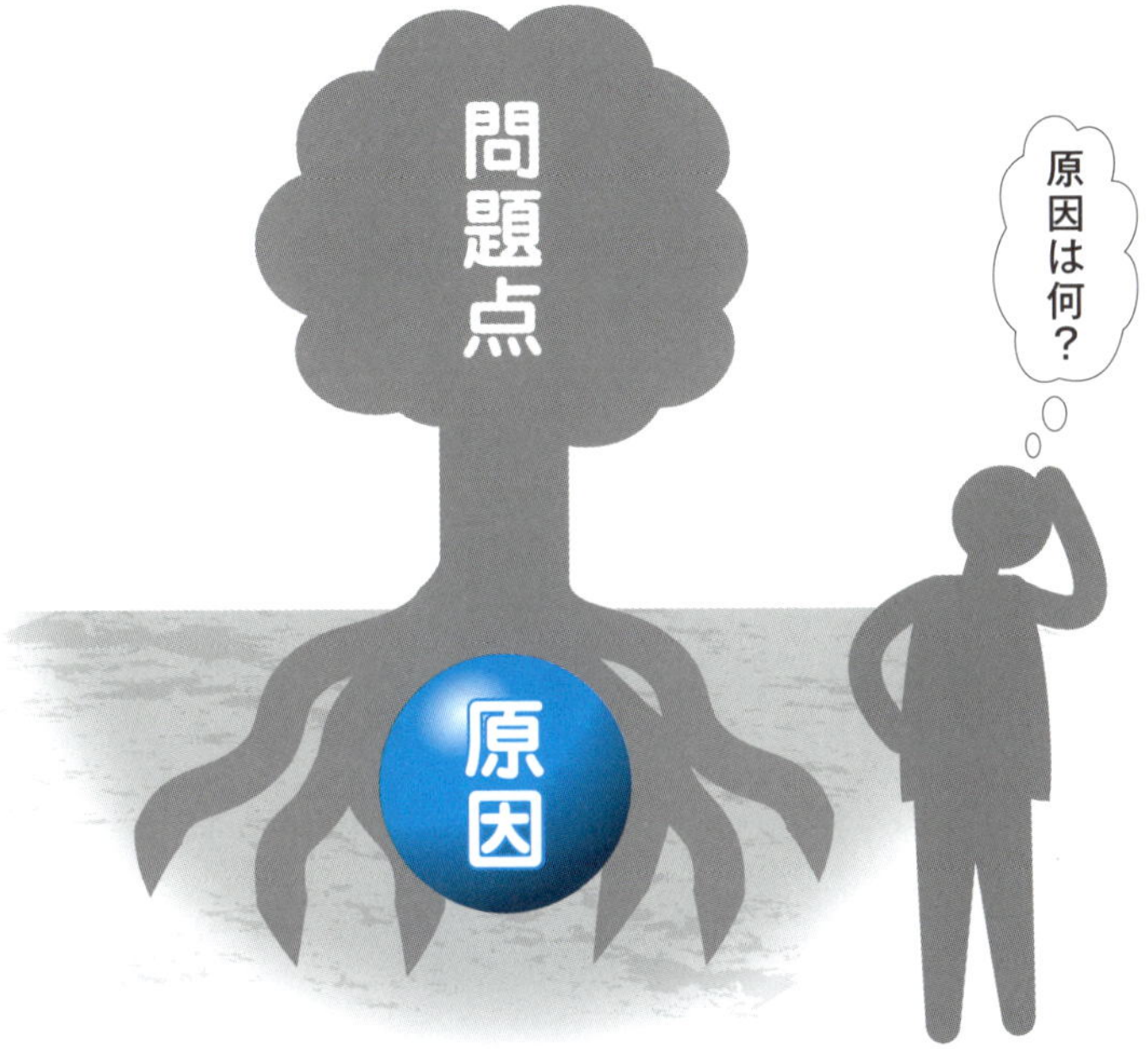


「新人の懇親会を実施する」……思いついた解決策を資料に盛り込むのです。しかし、「原因の究明」がなされていないので、どの解決策も説得力がありません。

一方、一発ＯＫが出る資料をつくる人は、解決策を提示する前に、**問題点を発生させる原因は何かを調べて提示**します。

たとえば、「新人が退職する主な原因は、上司が新人を育成する意識が希薄で単調な仕事しか与えていないから」と調査結果を示したとします。そうすると解決策は、「上司に新人の育成計画を立てさせ、新人を育てる責任があることを意識させる」といったことになるわけです。

原因が解消されなければ、問題が一時

的に消えても再び問題は発生します。

この場合、原因——上司が新人を育てる責任を意識していない——が解消されなければ、根本的な問題の解決にはならないでしょう。

社内の改善提案において主な原因となりえるのは、次の8パターンに集約されます。

①ルール、基準が曖昧。
②非効率な業務が多い。
③技術、スキルが足りない。
④人、時間が足りない。
⑤予算が足りない。
⑥業務のチェック、確認が足りない。
⑦コミュニケーションが足りない。
⑧責任の所在が不明確。

まずは、この8パターンの中から、問題を発生させている原因を特定することです。

## 8パターン――「原因」はここに隠れている!

**① ルール**
ルール・基準が
曖昧

**② 非効率**
非効率な
業務が多い

**③ 技術**
技術、スキルが
足りない

**④ 人・時間**
人、時間が
足りない

**⑤ お金**
予算が
足りない

**⑥ チェック**
業務のチェック、
確認が足りない

**⑦ コミュニケーション**
コミュニケーションが
足りない

**⑧ 責任**
責任の所在が
不明確

**この8つの中に原因がある!**

# 19

# 「なぜ?」で原因を深掘りすると、解決策が見えてくる!

## 資料の前半（問題点の特定）③——原因の究明

「なぜ?」「なぜ?」「なぜ?」……。

原因の究明において大切なことは、「なぜ?」と繰り返し、根本的な原因にたどり着くまで深掘りしていくことです。すぐ目につく表層的な原因に飛びつくと、的外れな解決策を提示することになってしまうからです。**具体的な解決策がイメージできるまで、原因の深掘りをする**——これが「原因の究明」のコツです。

たとえば、「会社の残業削減目標に比べて、営業部門の残業が大幅に多い」という問題があったとします。原因を調べてみたら、営業部門は「見積を作成したり、商品を手配したりする時間が大幅に多い」ということがすぐわかりました。もしここで原因の究明を止めてしまうと、解決策は「見積・商品手配を支援する営業アシスタント

## 「本当の原因」が確実に見つかる法

の人数を増やす」ということになるかもしれません。

ただ、仕事ができる人は、「なぜ?」を繰り返します。

「なぜ?」「なぜ?」「なぜ?」……「なぜ見積・商品手配に時間がかかっているのか?」をさらに深掘りしていくと、別の解決策が見つかることがあるのです。

「見積・商品手配に時間がかかっている」↓「なぜ?」↓「商品ごとの価格表がバラバラのため、品番と価格を調べるのに時間がかかっている」↓「なぜ?」↓「全社統一の価格表のルールがないため、開発部門は独自のルールで価格表をつくっている」と深掘りすることができます。

ここまでくれば、「営業にとって、見やすい全社統一の価格表のルールをつくる」という解決策が見えてきます。「価格表が見やすいと迷わず見積・商品手配作業ができるので時間が短縮できる」となるでしょう。では、どこまで深掘りすればいいかというと、理想を言えば「具体的な解決策が見えてくるまで」。ただ現実的には、**3〜5回程度の深掘り**でいいでしょう。

また、問題点を引き起こしている原因は、1つとは限りません。

複数の原因が絡み合っている場合も多いものです。先ほどの、「見積・商品手配に時間がかかっている」の例でも、「全社統一の価格表のルールがない」という原因のほかにも、「終日、営業は外出しているので、午前中に受けた見積依頼も、夕方から営業アシスタントが作業を始めている」というものがあるかもしれません。

これなら「スマートフォンアプリを使って、外出先から営業アシスタントに見積・商品手配の指示ができるようにする」という解決策を打てるかもしれません。

根本的な原因は、いきなり究明できるものではありません。

まずは考えうる原因を思いつくまま書き出すこと。

そして、影響度合いの大きいと思える原因を中心に深掘りしていきましょう。

「なぜ?」を3回繰り返すだけで!

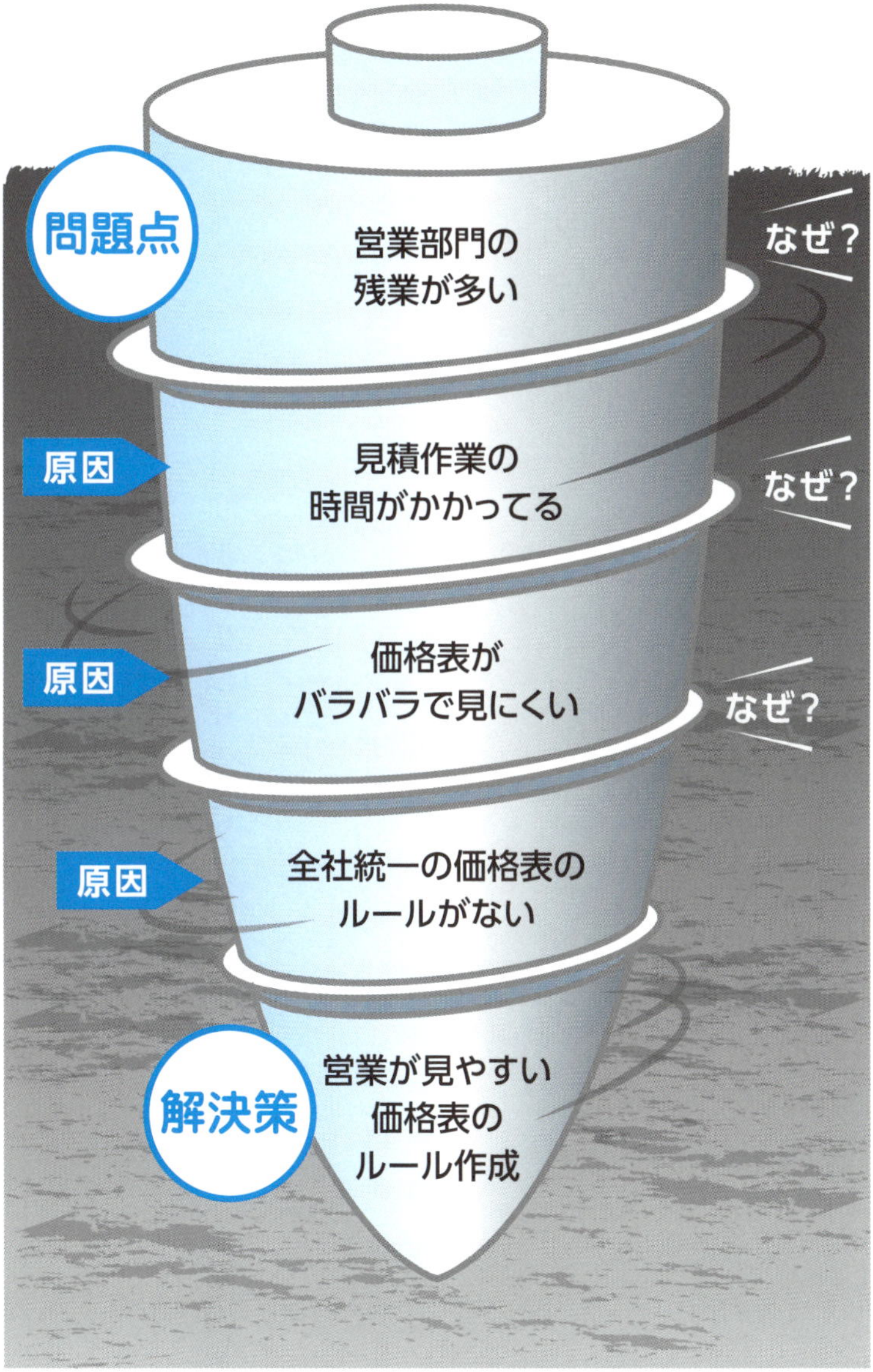

20

# 「最高の解決策」を入手する法——解決策をすべて書き出す！

## 資料の後半（解決策の提案）①——解決策の提案

ここからは資料の後半——最大のクライマックス——「解決策の提案」になります。
一発ＯＫが出る資料をつくる人は、解決策を次の2段階に分けて考えます。

①アイデアを出す。
②そのアイデアの中から、ベストを選ぶ。

この2つは、別々にやったほうが、解決策を出すスピードが速くなります。

中途半端な解決策しか提案できない人に限って、この2段階が曖昧です。アイデアを出している途中の段階で、もうベストのものを選ぼうとします。中途半端にしかア

## 解決策は「2段階」で必ず見つかる!

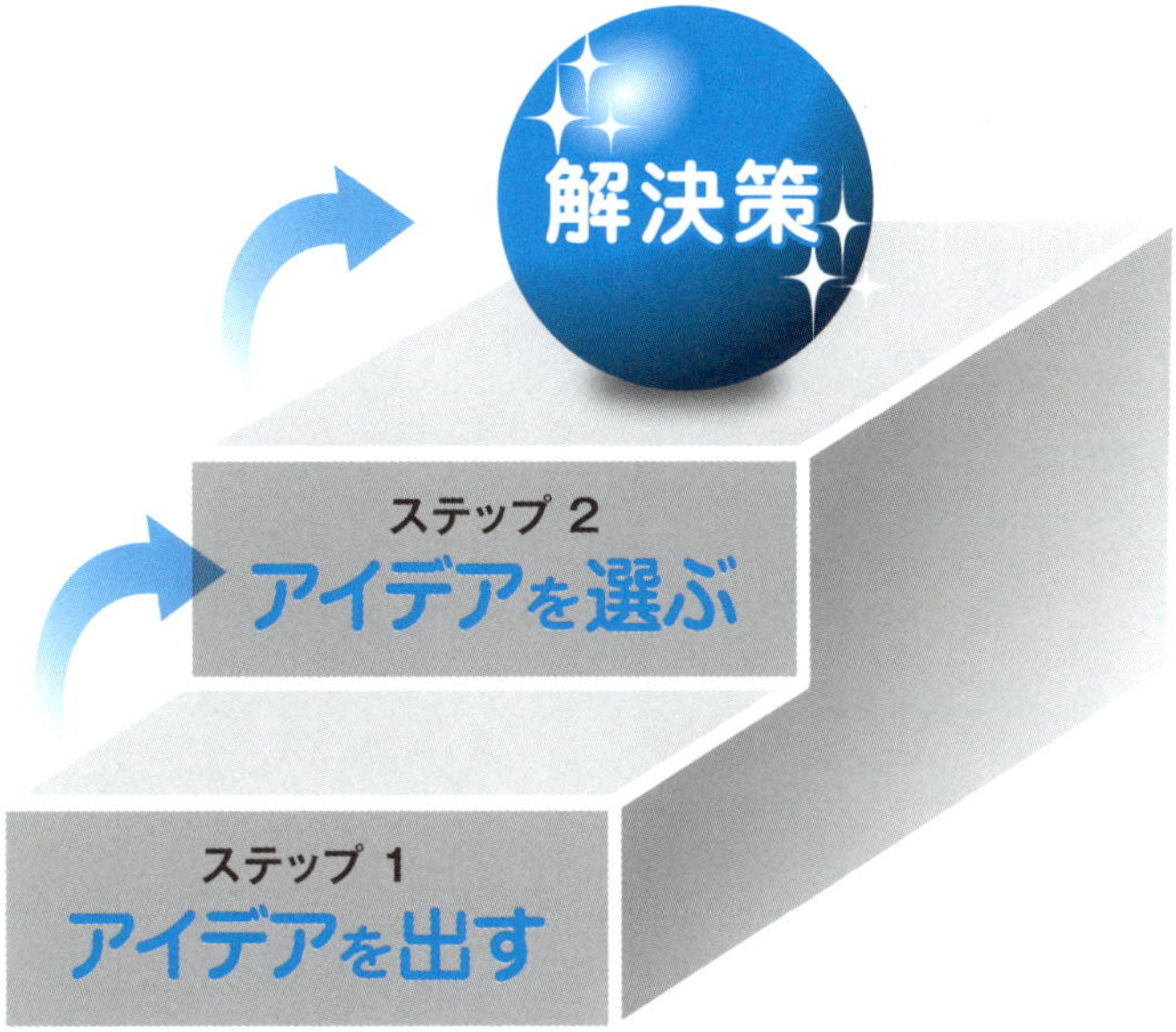


イデアを出していないので、中途半端な解決策しか手に入らないのです。

最高の解決策を手に入れるコツ――。

まずは、**思いつく解決策をすべて、紙に書き出す**ことから始めます。

10個でも20個でも、解決策となりそうなアイデアの種を、「常識にとらわれていないか」という視点でとにかく出し尽くすことに集中します。

アイデアを出し尽くしたら、その中から**ベストのアイデアを選び出すことに集中**します。この2つの手順をきっちり行なうことで、最高の解決策を見出すことができるのです。

たとえば、自社の商品が「B2B（法人）市場向け」だったとすれば、「常識外れかもしれないけど、B2C（個人）市場にも売ることはできないかな」と考えてみる。

業務の効率化のアイデアを出しているとするならば、「社内の人員をどのように配置するのか」を考えるだけでなく、「前例はないかもしれないけど、コストの安いアウトソーシングサービスを使って効率化をすることもできるのではないか」と考える。

人は無意識のうちに、「ここまでは無理だろう」という思考の枠をはめて考えてしまうもの。

だからこそ、「アイデアを出す」「アイデアを選ぶ」という2つの手順をしっかり分けて行なうのです。また、アイデアを出している途中では、「それは無理かもしれない」といった余計なことは考えないことが大切。

「アイデアを選ぶ」段階で、最終的に残ったアイデアは、自分が考えたアイデアのうち、わずか数パーセント——ということも珍しくありません。

それでいいのです。

捨てたアイデアが多いということは、**様々な可能性を考え抜いた証拠**。それだけ、精度の高い解決策を提案できる可能性が高まるということです。

## 「思考の枠」の上手なはずし方

### 業務の効率化のアイデアを考える場合

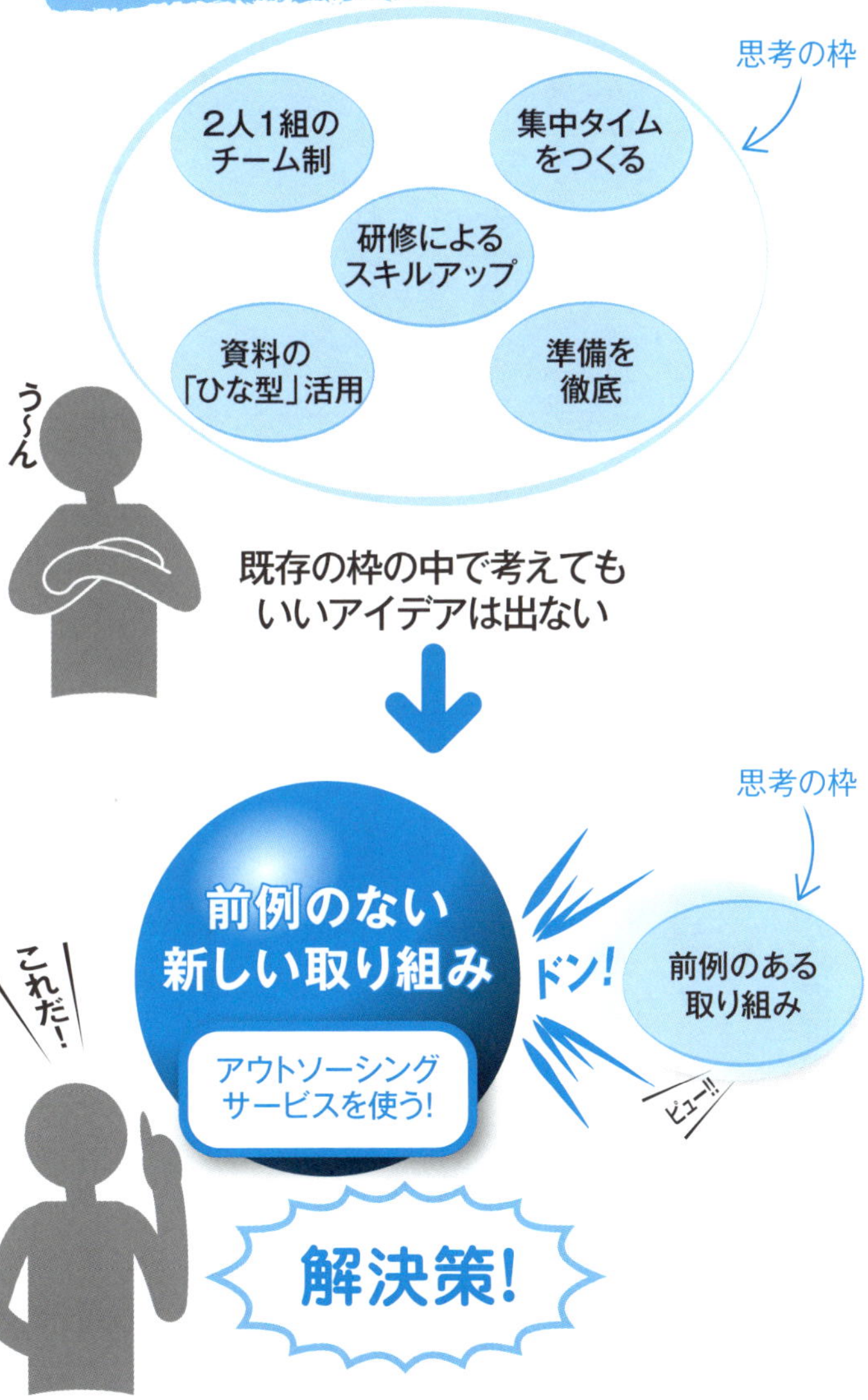

# 21

# 「最大の効果」を「最短で実現」！――それが「最高の解決策」

## たとえば「残業時間を削減する」には？

数ある候補の中から「最高の解決策」を選ぶ基準は、２つあります。

「**効果**」と「**実現性**」です。つまり、「効果がありそうで、実現できるものはどれか？」という視点で、解決策を評価します。その中で「最大の効果がありそうで、最短で実現できるもの」が「最高の解決策」になるわけです。

「効果」とは、（14項で説明した）資料の「目的」として決めたことが、**どの程度、結果として得られそうか**で判断します。「売上の増加」「ムダの削減」「満足度の向上」などの基準で考えるのです。

「実現性」とは、資料の「目的」を達成するのが、**どの程度可能か**で判断します。たとえば、「時間」「技術」「人的リソース」「予算」「安全性・リスク」などが基準です。

「効果」と「実現性」で考える

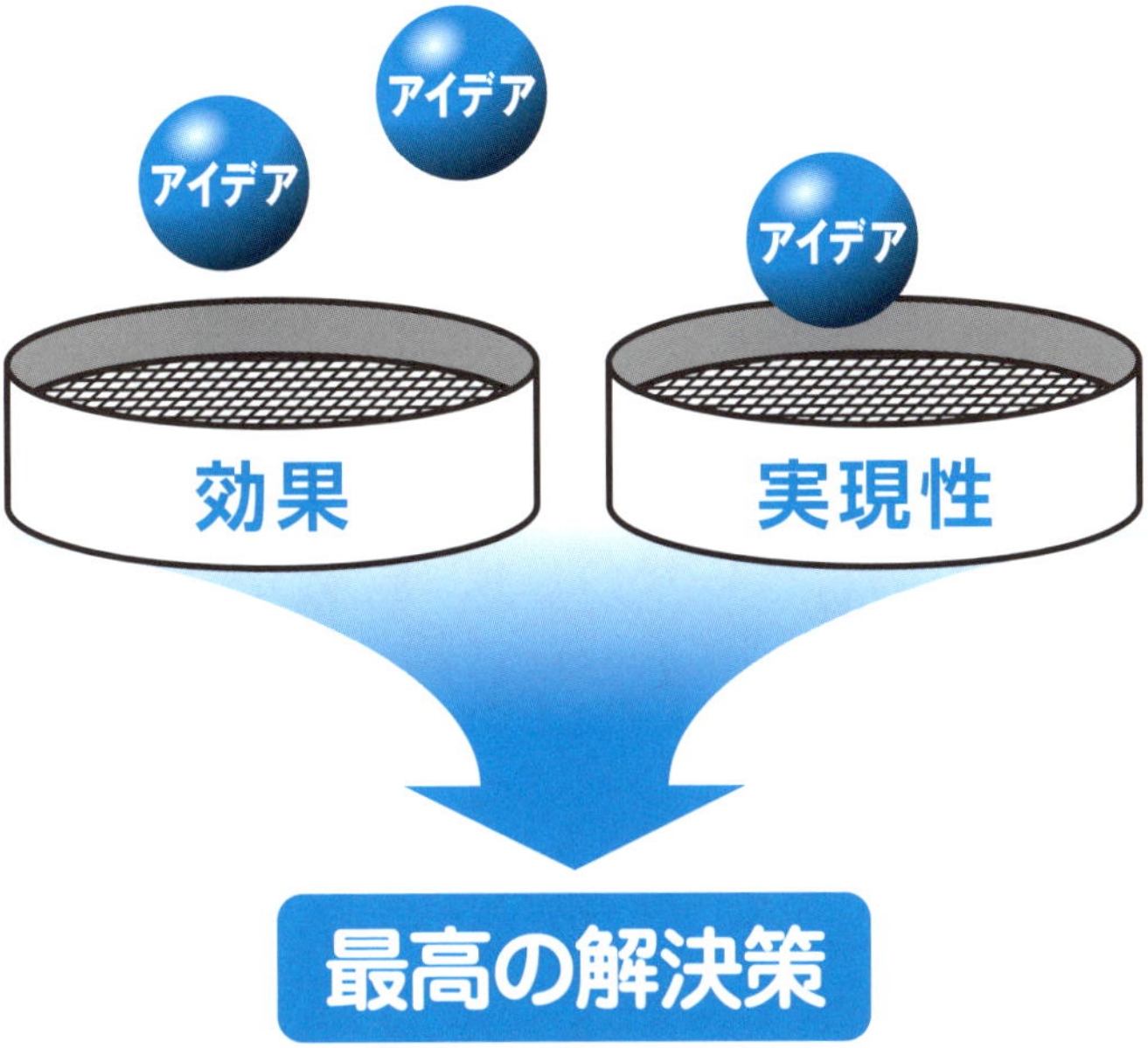


「残業削減の提案書」をつくる場合で、考えてみましょう。

アイデアとして、「19時にオフィスの照明消灯」「部課長が率先して帰る」「18時以降の会議禁止」「残業削減のポスターをつくる」「各部門の残業時間を掲示する」などが出たとしましょう。

これらのアイデアを「効果」と「実現性」の2つの基準で検討していくのです。

それぞれのアイデアについて、「効果」が高そうなのは、「18時以降の会議禁止」「各部門の残業時間を掲示する」「部課長が率先して帰る」の順番だと考えます。

ほかのアイデアは「19時に照明を消しても、またつける人が出そう」「残業削減のポスターをつくっても本気で見ない」という理由から、効果は低いと判断します。

次に「実現性」が高そうなものを考えます。「19時にオフィスの照明消灯」「残業削減のポスターをつくる」は効果が低いので脱落済。「18時以降の会議禁止」「各部門の残業時間を掲示する」「部課長が率先して帰る」の3つの実現性を見ていきます。

まず、「18時以降の会議禁止」は、日中外出をしている営業部門が急には実施できないだろうと判断します。「各部門の残業時間を掲示する」は月に1回、担当者が集計して掲示すればいいので、実現性は高そうです。

「部課長が率先して帰る」は、残業している部課長の行動を観察すると、部下がいるのでなんとなく残っている様子が見受けられました。なんらかのタイムマネジメント研修を実施して啓蒙すれば実現できるのではないかと考えられます。

その結果、「実現性」が高そうなのは、「各部門の残業時間を掲示する」「部課長が率先して帰る」となりました。

実際には、**解決策は1つに絞り込む必要はありません**。いくつかのアイデアを組み合わせて、メリットとデメリットを整理して資料に書いておきます。そして、自分なりのおすすめの方法を説明すればいいわけです。

### それでは「残業削減」の解決策を考えてみよう

## 「効果」と「実現性」で選別しよう!

① まずアイデアをたくさん出す

19時消灯
残業削減ポスター
残業時間掲示
部課長が定時退社
18時以降会議禁止

② 「効果」がありそうなアイデアを残す

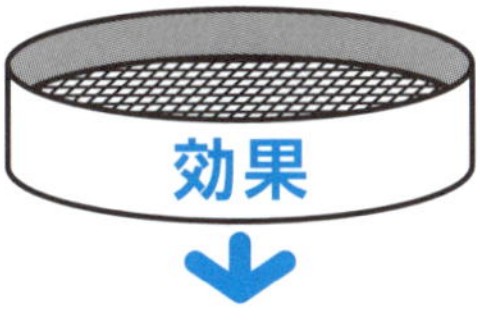


残業時間掲示
部課長が定時退社
18時以降会議禁止

③ 「実現性」がありそうなアイデアを残す

この2つはできそう!!

残業時間掲示
部課長が定時退社

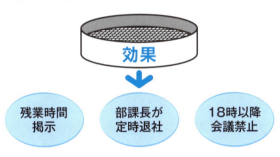

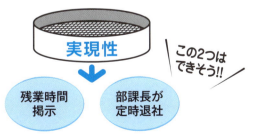

# 22

# 一発OKしたくなる「目標」を書く――「目的」を数値化する

## 資料の後半（解決策の提案）②――目標の設定

「目標の設定」がない解決策は、意味がありません。

逆に言えば、**目標を設定しているからこそ、解決策だと認識される**わけです。

また、具体的な目標を示さないと、決裁者は、「この解決策は取り組みがダラダラと続き、尻切れトンボになるだけではないか」と心配することになります。

目標は数値で示すのが基本。そうすると、決裁者との認識のズレは起こりません。

「売上アップに向けた営業改革の提案書」を提示する場合でも、「目標：６カ月後、売上１１０％アップ」と、「目標：２年後、売上２００％アップ」とでは、相手に与える印象は大きく違うでしょう。

「目標」は、（14項で説明した）**資料の「目的」を具体的に数値化したもの**です。

## 目標は「数値で示す」が基本

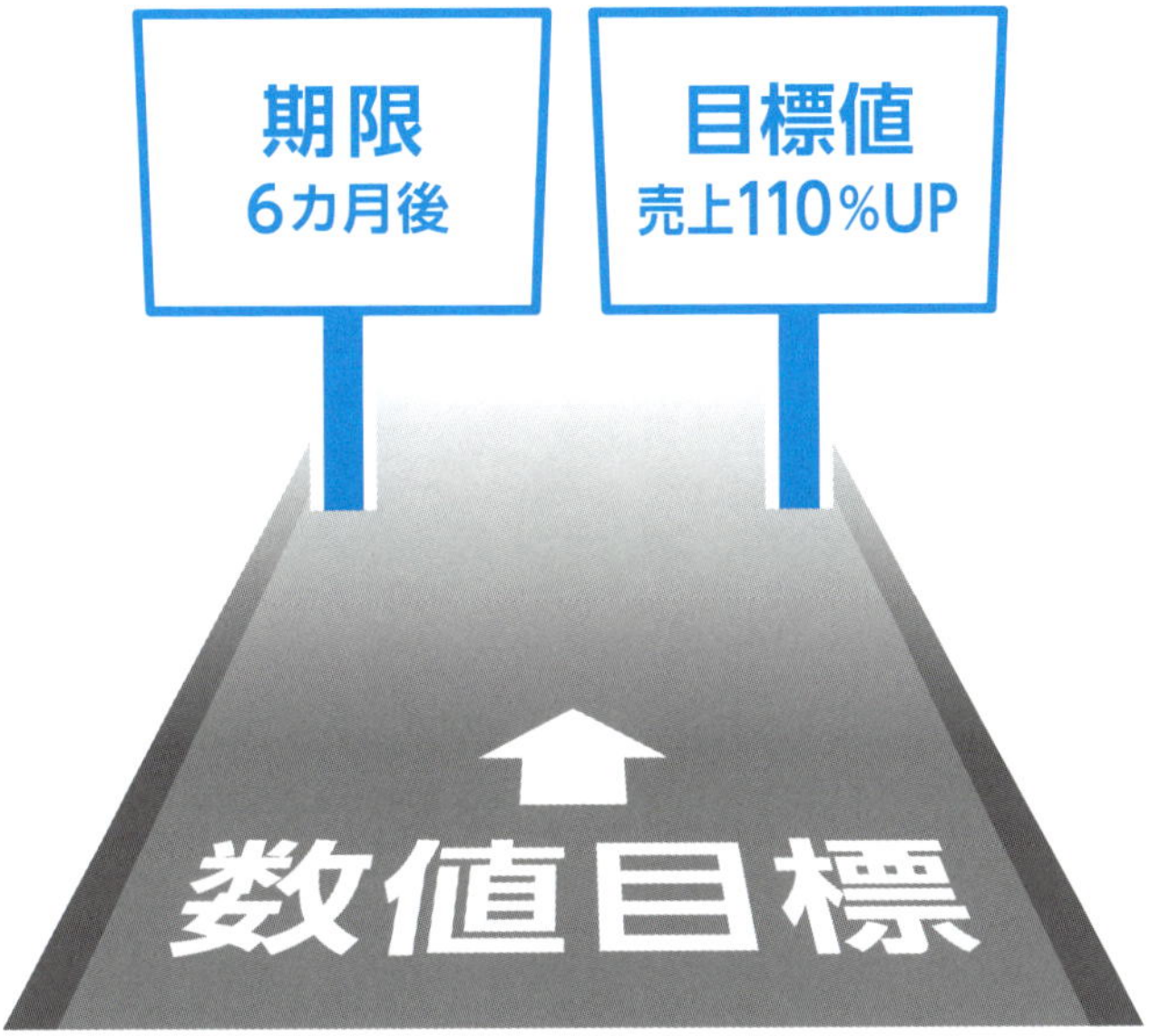


必要な要素は「**期限**」と「**決めた指標にもとづく目標値**」の2つ。

たとえば、資料の目的が「これまで注力してこなかった新規顧客に対する売上を向上させること」だとすると、「目標」は「2年後の新規顧客からの売上を現状の1・2億円から2・4億円にする」といった表現になります。

目標の立て方は、なんらかのベンチマーク（参考となる他社事例や競合の数字）と比較しながら決めるやり方と、自社の経営方針や中期経営計画などからブレイクダウンして決めるやり方があります。「競合の新規顧客の売上と比較しながら目標を立てる場合」と、「自社の様々な財務目標から考えて新規顧客の売上目標を定める場合」があるということです。

いずれの場合も、まずは「期限」になったときの達成すべき「目標値」を提示します。16項の問題点を定めるうえでの「あるべき姿」で示した数値と同じになります。

また、その期限における達成すべき目標値だけでなく、それを小さく分解した「**小目標**」も設定します。

前述の例で言えば、単に「目標は2年後の新規顧客からの売上を現状の1・2億円から2・4億円にする」とだけ言っても何をどう実現するのかピンときません。そこで、その目標を達成するまでの小目標を定めるのです。

たとえば新規顧客の「提案件数目標」「受注率目標」「受注単価目標」と要素を分解して定めることで、実際に目標が本当にできそうかということがリアルに伝わります。

提案件数は「現状268件→目標343件」、受注率は「現状35％→目標40％」、受注単価は「現状128万円→目標175万円」といった具合です。

このように分解して書いてあれば、決裁者も具体的に判断することができるのです。

決裁者と分解された**小目標のレベルで合意できると、提案が通る可能性は飛躍的に高まります。**

## 大きな目標は「小さく分解」して提示する

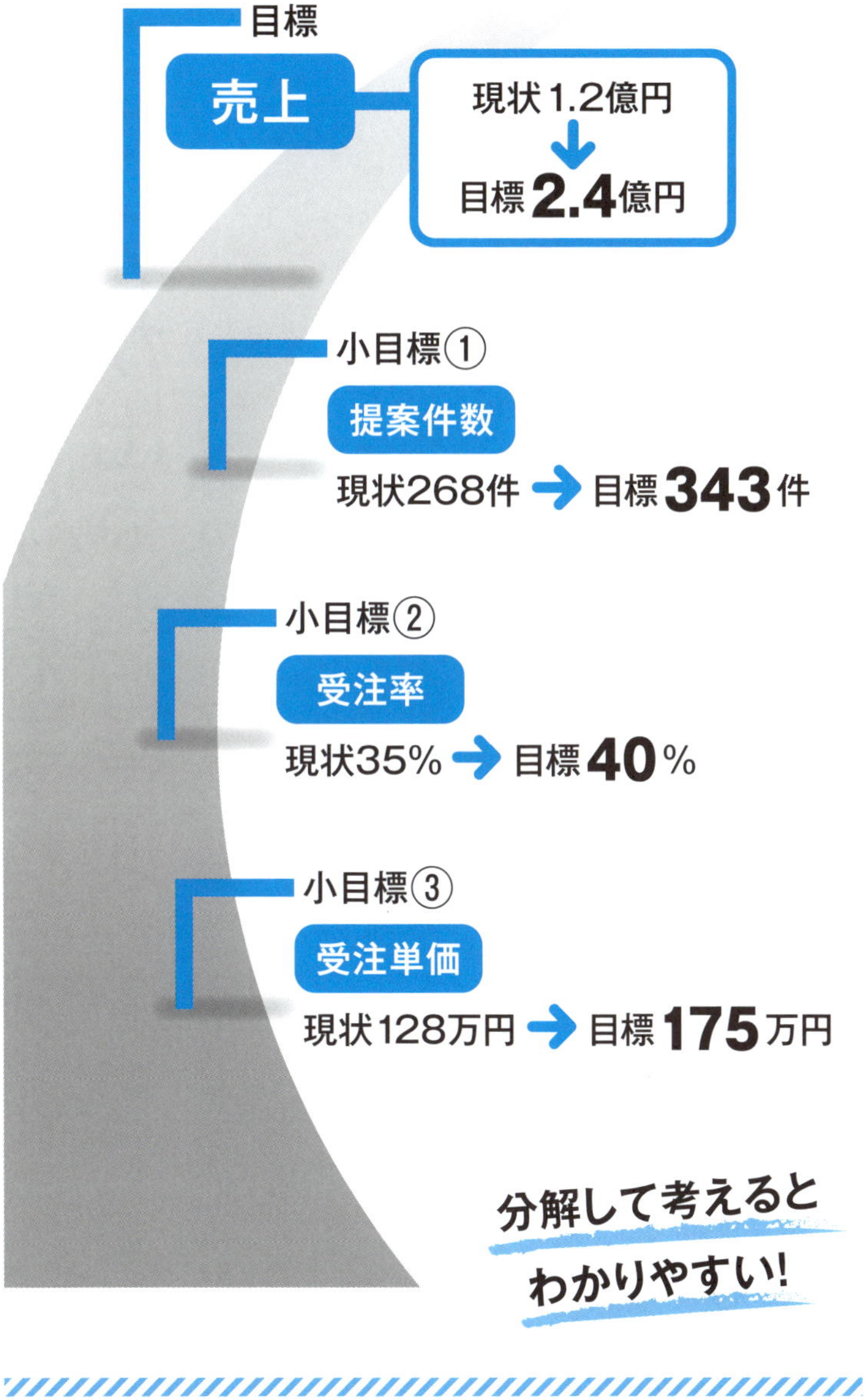

# 23 解決策「作業の流れ」を見える化──一発OKが出る進行管理

## 資料の後半（解決策の提案）③──スケジュールの提示

「最高の解決策」と思えたのに、いざ実行してみるとうまく進まない……。

「予定がズルズルと遅れる」「他部門の人が協力してくれない」「思わぬ予算が増えてしまった」……こうした事態が起こったため、解決策の効果が上がらないケースは珍しくありません。

ただ、仕事ができる人は、こうした事態をあらかじめ想定しているもの。資料作成の段階で、「**具体的な計画の提示**」をして提案の実現性をアピールします。

実現性が低いと思われる提案が決裁で通るはずもありません。提案そのものに実現性を感じさせることも、一発ＯＫが出る資料においては重要な要素となるわけです。

資料で提示すべきことは、「**スケジュール**」「**体制**」「**予算**」の３つです。

### 「この3つ」で実現性が一気に高まる!

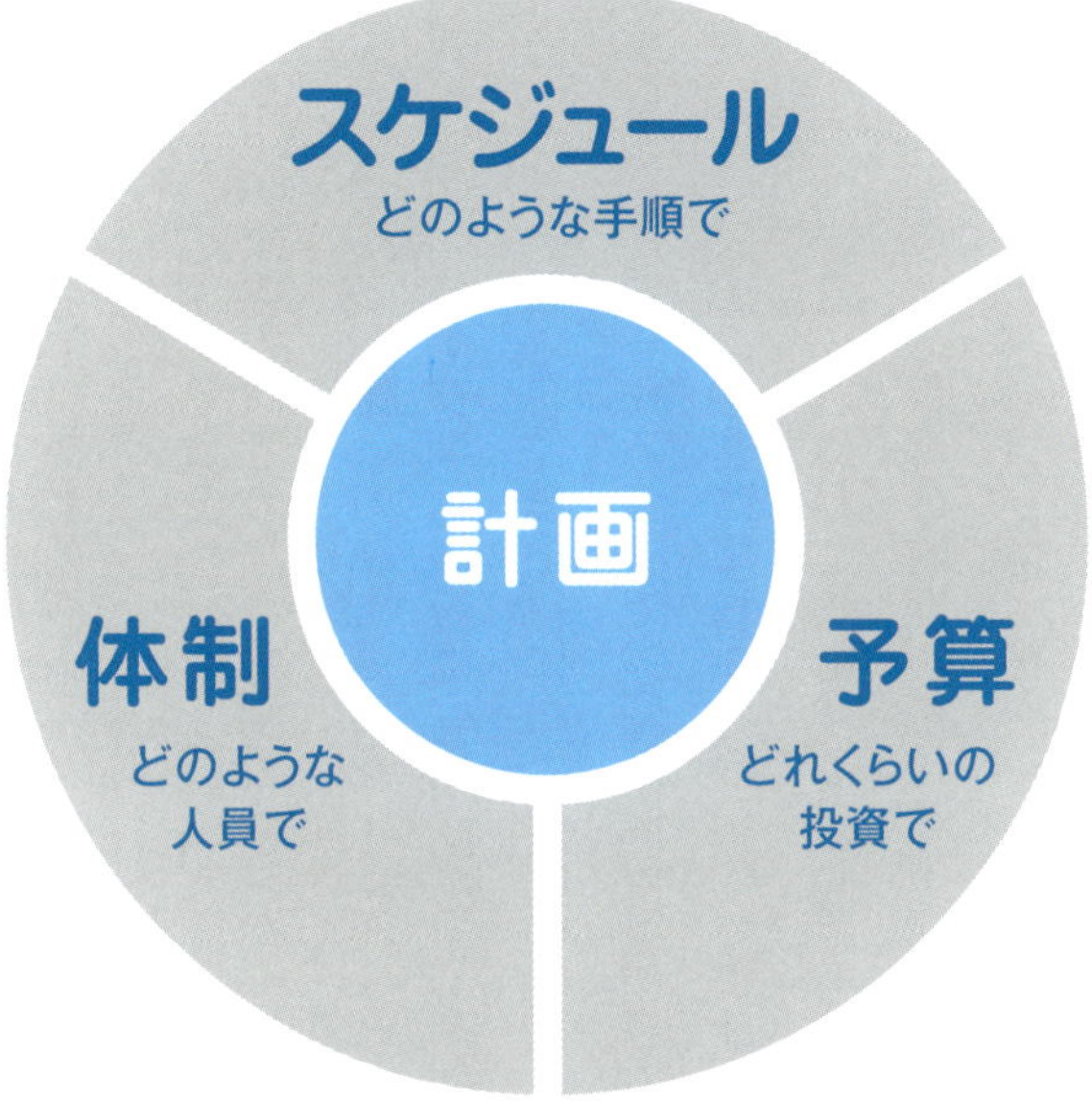


それぞれのポイントを説明しましょう。

まずは「スケジュール」。

スケジュールで示すことは、「**具体的な作業項目**」を「**どの順番**」で「**どのくらいの時間**」で進めるか——です。

たとえば、「新商品発表会のイベント提案書」をつくる場合——。

この場合、「具体的な作業項目」は、大まかに「A、企画作業」「B、集客作業」「C、運営作業」に分けることができます。

それをさらに分解して、「A-1　新商品プレゼン企画」「A-2　当日イベント企画」「B-1　案内状準備」「B-2　顧客リスト管理」「C-1　展示会場準備」「C-2　当日人員配置」……

といった形で分けていきます。そして、それぞれを「どの順番」で「どのくらいの時間」をかけるかを考えてスケジュール表をつくっていきます。

スケジュールを「A-1　新商品プレゼン企画……10月1日～14日」「A-2　当日イベント企画……10月15日～31日」といったように、箇条書きにする人がいますが、これでは計画の流れがよくわかりません。

スケジュールは必ず表にしましょう。

スケジュール表は、左下図のように横軸に「時間軸」、縦軸に「作業項目」をとります。そして各作業項目にかける時間の長さを、線の長さで表わす形でつくります。

こうすることで、同時並行でできる作業はどれとどれか、どの作業が終わらなければ次の作業に移れないのかなどがひと目でわかるようになります。

2～3カ月で実行する計画であれば週単位、1年程度の長さであれば月単位で、何にどの程度の時間をかけるのかを明示します。プレゼン資料にスケジュールを盛り込むときのコツは、細かくしすぎずに、**大まかな流れがわかるような表現**にすること。

決裁者が知りたいのは、ざっくりとした流れです。細かいスケジュールは、資料が通ったあと、具体的な実行段階で、再度立てればいいのです。

## 進行が遅れない「スケジュール表」のコツ

### 作業の関係がわからない

Bad

スケジュール

| | |
|---|---|
| A1：新商品プレゼン企画 | 10月01日～10月14日 |
| A2：当日イベント企画 | 10月15日～10月31日 |
| A3：製作期間 | 11月01日～11月21日 |
| B1：案内状準備 | 10月01日～10月14日 |
| B2：顧客リスト管理 | 10月15日～10月21日 |
| B3：イベント集客期間 | 10月22日～11月22日 |
| C1：展示会場準備 | 10月01日～10月31日 |
| C2：当日人員配置 | 11月01日～11月14日 |
| C3：説明会 | 11月15日～11月21日 |
| イベント期間 | 11月22日～11月29日 |

### 作業の関係が明確

Good

スケジュール

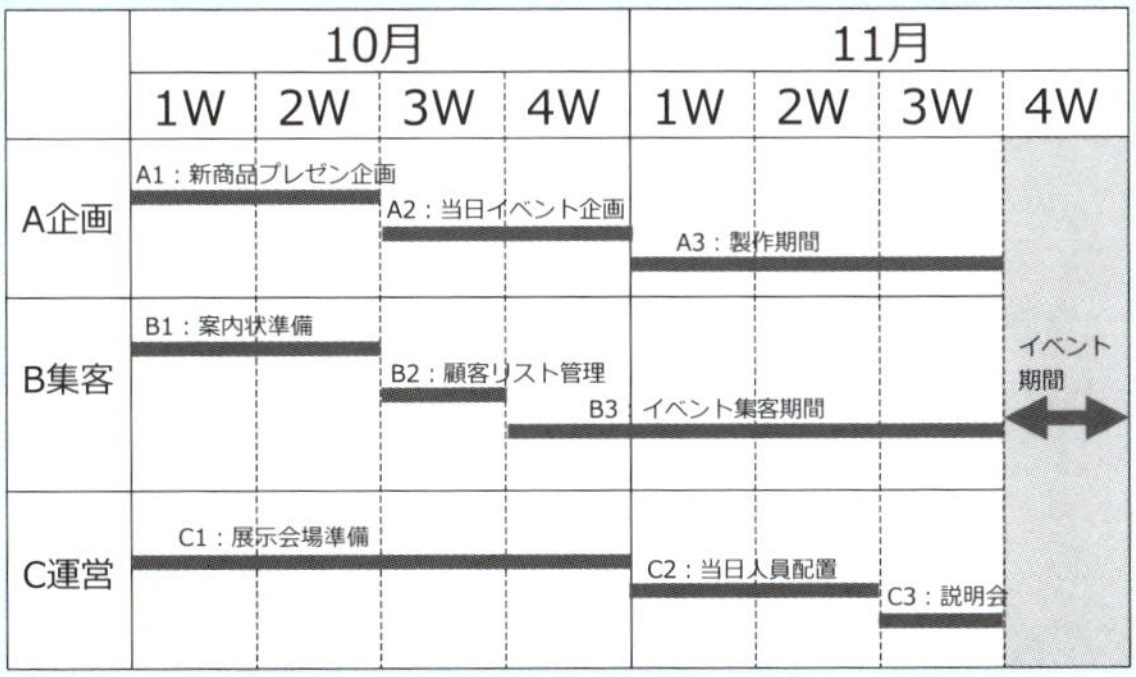

## 24

# 解決策「チーム編成」を見える化――一発OKが出る責任管理

### 資料の後半（解決策の提案）④――体制の提示

資料で「スケジュール」のあとに提示すべきことは、「**体制**」です。

具体的には、体制表をつくり、各作業の役割分担を明確にします。

計画の成否は「何をやるか」と同じくらい、「**誰がやるか**」にかかっているからです。

社内のプレゼン資料の場合、部門横断型のプロジェクトになるケースが多くなります。ただ、実際には、他部署の人に動いてもらうのは難しいものです。

というのも、プロジェクト業務は通常業務に追加される仕事だから。プロジェクト業務にかかわる人は、プロジェクト業務を「余分な仕事」と思う可能性があるのです。

じつは私も痛い目にあったことがあります。具体例を1つ示しましょう。

10年以上前のことですが、社内の営業ツールを統一しようというプロジェクトがあ

責任を「見える化」するコツ

**体制表**

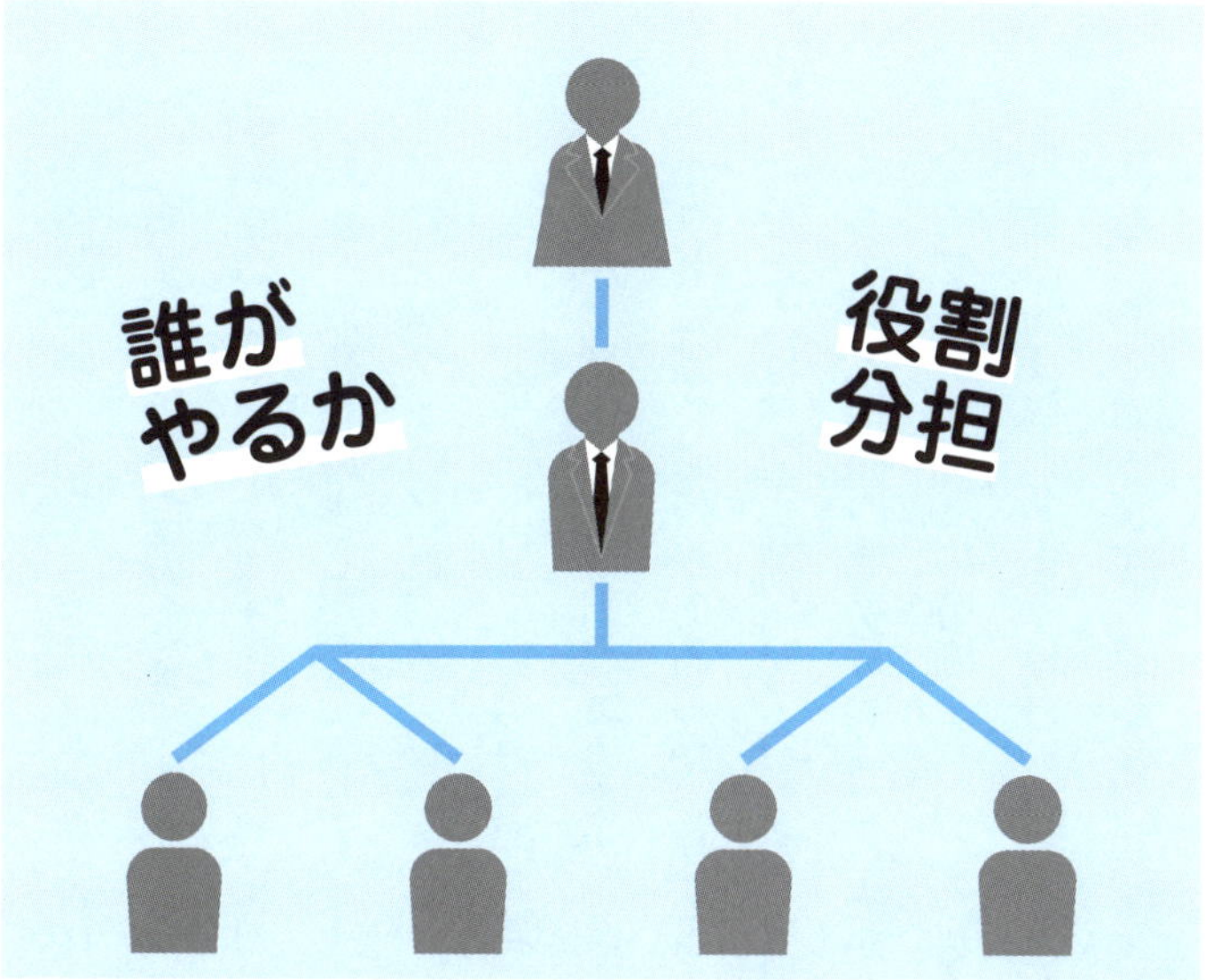


り、各部門のエース人材が十数人選ばれました。このプロジェクトは、顧客の課題を整理分類して、提案パターンを絞り込んだ定型の提案書をつくるというものでした。

ところが、プロジェクトの企画書には、プロジェクトの責任者と参加メンバーは明示されていましたが、具体的な体制が示されていなかったのです。

つまり、誰が顧客の課題を体系的に整理分類するのか、誰がどの提案パターンを担当してつくるのかなどが、まったく不明。結果、忙しいメンバーから会議の欠席がしだいに増えるようになりました。最終的には、2～3名ですべての作業をやることになってしまったのです。

体制表は、通常ピラミッド型に責任者と担当者の役割を示す形でつくります。

まず、「**プロジェクトオーナー**」と「**プロジェクトリーダー**」を定めます。「プロジェクトオーナー」は統括責任者で、プロジェクトの進捗報告を受けて方向修正や成果物のよし悪しを判断します。「プロジェクトリーダー」は現場の推進者で、プロジェクトの品質、スケジュール、予算などの調整業務を行ないます。

次に、「企画担当」「集客担当」「運営担当」など、**誰にどの仕事を受け持ってもらうのか**、具体的な役割を定めます。そして、各役割の人が、**どの程度の時間をプロジェクトに割く必要があるのか**、見込みの時間を示しておきます。

たとえば、「企画担当3名×2日／週×8週（合計48人日）」といった形で示しておきます。1週間の業務日数は、月曜から金曜の5日間。ですから、1人が1週間まるまるプロジェクトに時間を割いてもらう場合は、5人日となります。

具体的な個人名まで資料に書くことが難しい場合は、作業に必要な人材のスキル要件を示しておきます。そして、提案者はどの立場でかかわるのかを明確にします。提案した人が責任感を持ってやり切ろうとする姿勢は、決裁者に安心感を与えます。

## 全員が積極的になる「体制表」のコツ

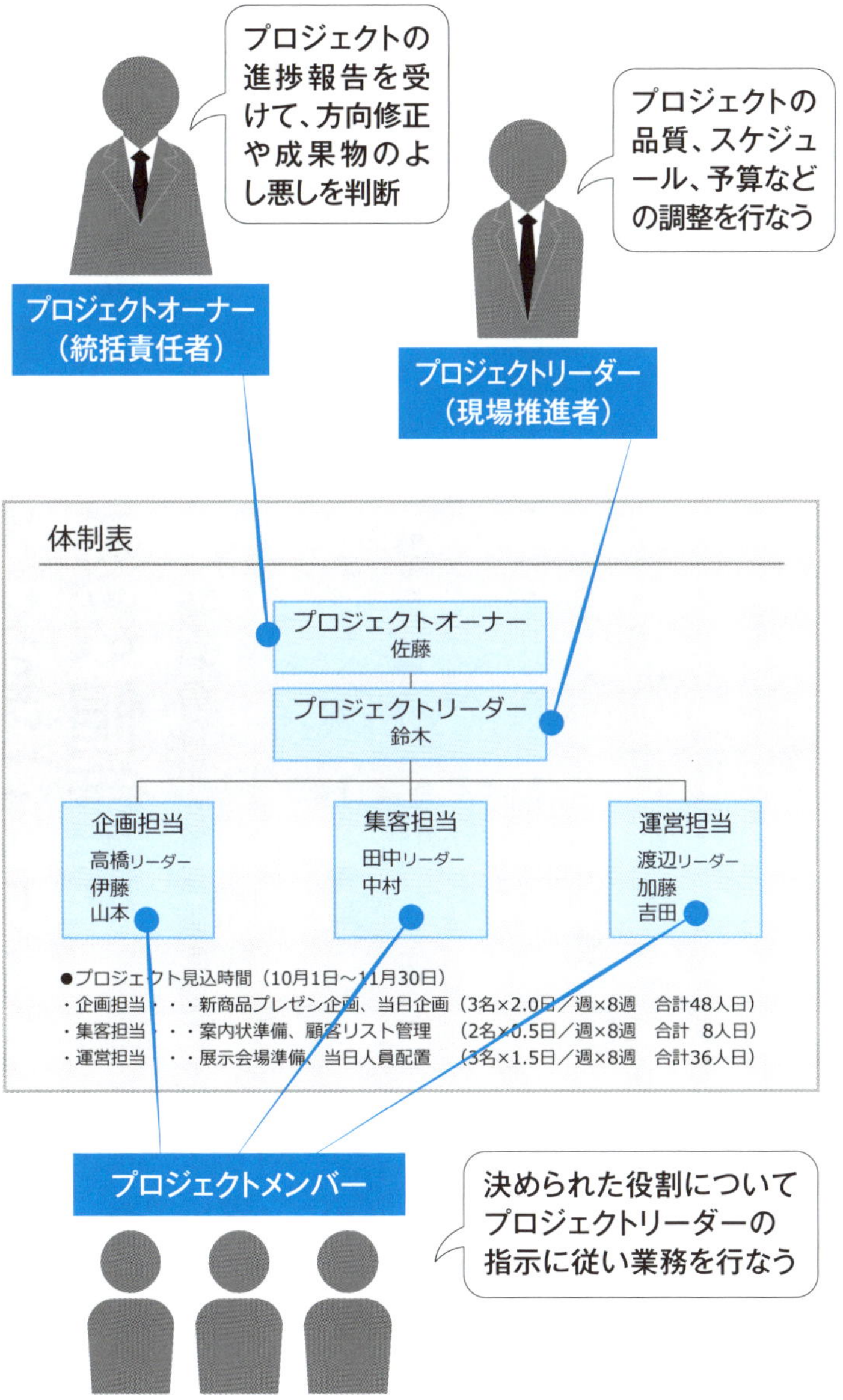

# 25

# 解決策「投資対効果」を見える化――一発ＯＫが出る数値管理

## 資料の後半（解決策の提案）⑤――予算の提示

資料で「体制」のあとに提示すべきことは、「**予算**」です。

社内でプロジェクトに取り組む場合、その投資に対する効果がどのくらいになるのか――決裁者であれば当然、気にするはずです。

ちょっと話が飛びますが、２０２０年の東京オリンピックは、「計画」の変更がたくさん発生しました。たとえば、オリンピックの総額予算も、約７０００億円から３兆円まで膨らみ、今の段階では１・８兆円に。それだけの投資をして、一体、経済的効果はどれくらいあるのか？　東京都の試算によると約３兆円だそうです。

これでは、国民が不安になるのも当然です。

そこまでの規模ではないにしても、一発ＯＫが出る資料をつくる人は、効果に見合

**最大の効果を生む「投資額」とは？**

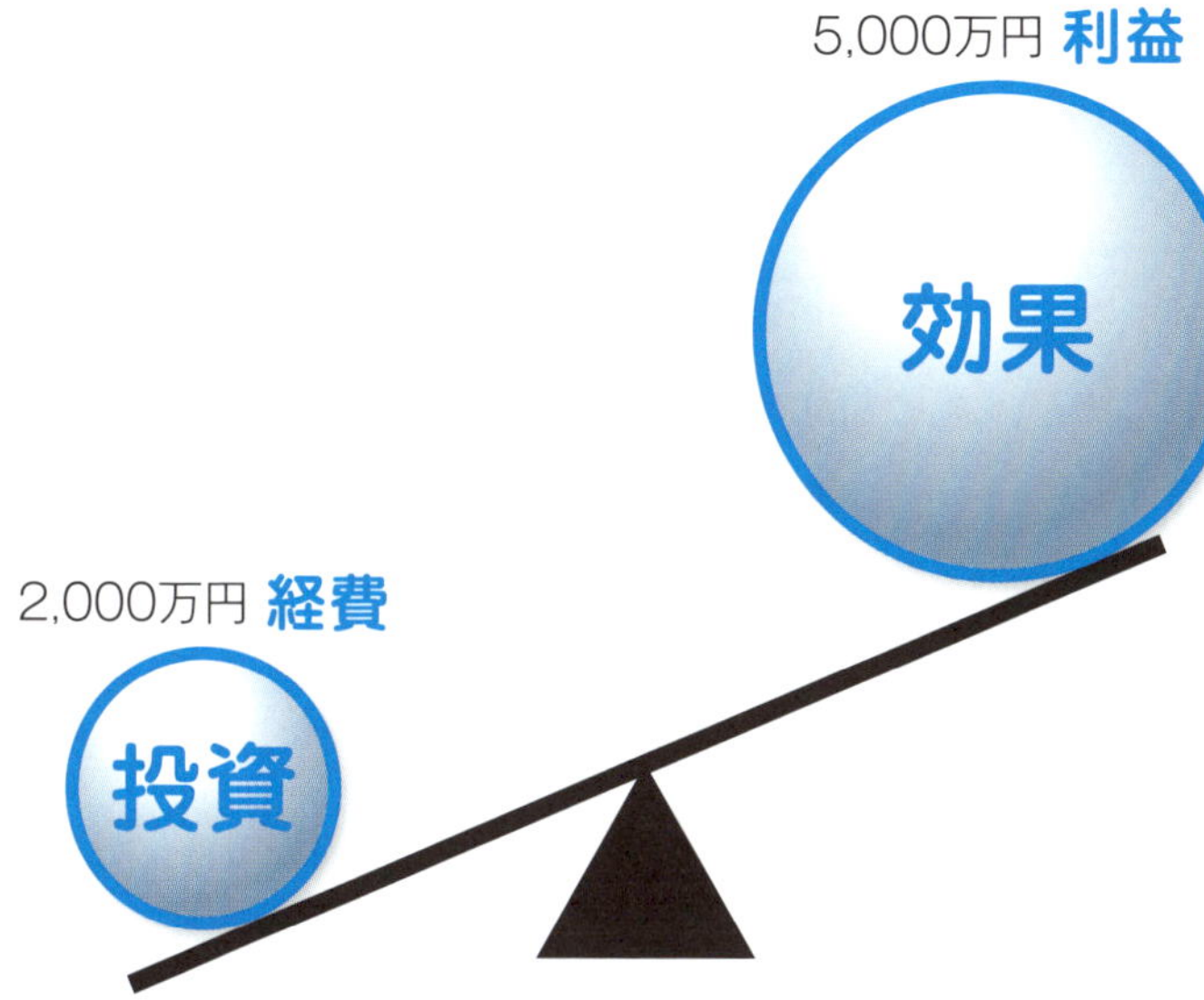


った投資額（つまり予算）を意識しながら計画を立てる必要があります。

ここでいう効果とは、22項で説明した目標となる数値です。たとえば、

販売系の目標であれば「利益を５０００万円伸ばすために、２０００万円投資する」といった表現、業務効率化の目標であれば「経費を３０００万円削減するために、１０００万円投資する」といった表現になります。

こう書けば、説得力があるでしょう。では、予算をどのように示せばいいのでしょうか？

ざっくり言うと、「**人件費**」と「**その他の費用**」に分けて試算します。

「人件費」は、そのプロジェクトにかかわる「人数×時間×時間単価」で計算。時間単価は、平均年収を12カ月で割ると1カ月の時間単価、それを20日（1カ月の平日の日数）で割ると1日の時間単価、さらに8時間で割ると1時間の時間単価になります。

たとえば、会社の平均年収が600万円とすると、1人あたりの人件費は1カ月あたり50万円、1日あたり2万5千円、1時間あたり3125円となります。

もう少し細かい計算が必要であれば、人事部に問い合わせて、職階ごとの平均年収や、年間の総労働日数や時間の情報を入手しましょう。

一般的に社内プロジェクトの場合、プロジェクトに参加する人の人件費は、すでに会社の固定費として会社全体の予算に計上されているものです。そのため、決裁者がそれほど気にしないケースもあるかもしれません。

とはいえ、プロジェクトに参加する人は、その時間にほかの仕事はできません。それは会社にとって、機会損失となるのです。

また、社員1人が1カ月プロジェクトに参加すると、それだけで50万円というお金を会社が投資するのと同じことになります。

## ムダな投資がなくなる「予算表」のコツ

**メインメッセージで投資対効果の説明**

プロジェクト予算

予算3000万円に対し、
営業利益率5000万円／年アップを見込む

**＜プロジェクト予算＞**

| 項目 | 金額 |
|---|---|
| 外部コンサルティング費 | 10,000,000 |
| システム導入費 | 15,000,000 |
| プロジェクトメンバー人件費 | 5,000,000 |
| | 合計30,000,000円 |

**＜営業利益率の向上＞** ＊参考資料○○ページ参照

新規顧客1500万円＋既存顧客3500万円＝合計5000万円の向上

**細かくしすぎない
レベルで予算を示す**

**効果は
目標と同じ値になるので
さらっと表記する程度**

つまり、そうした**コスト意識を持って提案していると示す**ことが大切なのです。

「その他の費用」は、費目を拾い上げることから始めます。主なものとして「外部コンサルタント・外注費」「IT費（ソフトウェアやOA機器など）」「不動産賃料」「交通費」「備品費」などです。

それぞれ情報システム部や総務部などに確認すれば概算の費用はつかめるでしょう。また、外部コンサルタント・外注費など外部に支払う費用は金額の振れ幅が大きいので、見積を3社程度に依頼して確認します。

それらを合算した予算が、今回の提案に必要な投資となります。

仮に予算を積み上げると5000万円になって、それで得られる効果も5000万円なのであれば、そのプロジェクトに取り組む意味がありません。予算を絞り込むか、もう少し大きな効果を得られる方法はないかを再検討する必要があるわけです。

予算は一度承認されると、実行に移ってから追加申請するのは難しいもの。事前にしっかりとした予算計画を立てることもプレゼン資料をつくるうえで大切なことです。

3
章

# 資料の説得力は「資料の細部」に宿る!

決裁者が一発OKを出したくなる「表紙」「目次」「統一感」

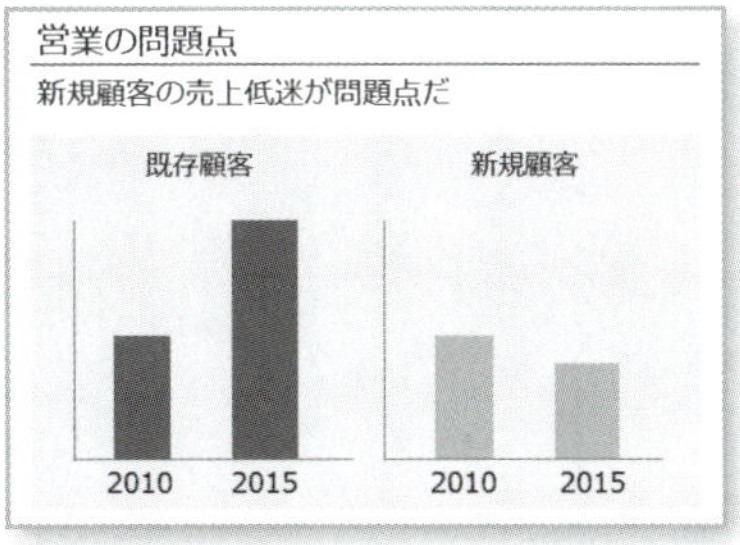

# 26 付箋紙を使うと、一発ＯＫが出る「構成」がひらめく！

## 付箋1枚＝資料1枚だから「全体像」が見える

一発ＯＫが出る資料をつくる人は、最初に手書きで構成案を考えます。構成案ができるまでは、パソコンを開いて資料をつくり始めたりしません。手書きだと、**資料の内容をすべて一覧で見ることができる**からです。

それだけ資料全体の構成が考えやすいのです。紙ならテーブルの上に何枚も広げられますが、パソコンではページをスクロールしなければ全体像はわかりません。全体像を目で追いながら考えないと、話の論理構成につじつまが合わない部分があってもどうしても見落としてしまいます。

資料づくりが下手な人に限って、構成が固まる前にパソコンを立ち上げて、書けるところから資料をつくり出してしまうもの。つまり、場当たり的に構成が決まってしまうのです。構成というのは、一度固まってしまうとなかなか変えられません。あとで変えたくなっても、どう修正すればいいのかわからなくなり、結果、中途半端な資料になってしまうのです。

まず、構成を考える際には、次の3つの手順が必要です。

**①資料に盛り込む情報を拾い出す。**
**②限られた時間で、どの情報を伝えるか選ぶ。**
**③選んだ情報を、聞き手が理解しやすい順番に並べる。**

私がおすすめするのは「**付箋を使って構成を考える**」方法——。

付箋は、「③選んだ情報を、聞き手が理解しやすい順番に並べる」ときに威力を発揮します。並べ替えやすいからです。もしこれを直接、紙に書いてやってしまうと、情報を並び替えるために再度書き直さなければなりません。

付箋は「5・0×7・5センチメートル」のサイズのものを使います。

これを資料1枚に見立てるのです。付箋1枚、つまり資料1枚に、どのような情報を盛り込むのかを考えながらつくっていきます。

たとえば、「新人研修の提案書」をつくる場合——。

最初の付箋に「新人研修の目的」とタイトルを書いて、その下に「3年で一人前の戦力に育てるため」と書いてA3サイズの白紙に貼ります。次の付箋には「問題点」とタイトルを書いて、その下に「現場任せで放置されている新人が多い」と書いて、A3サイズに貼ります。

このように、構成の順番を意識しながら「目的」「問題点」「原因」「解決策」「目標」「計画（スケジュール）」「計画（体制）」「計画（予算）」についてを付箋に書き込んで貼っていくのです。このサイズであれば、あれこれ細かい情報をたくさん書けません。そのことが逆に**「重要な情報はどれだろう?」と考える意識を高めてくれる**のです。

付箋なので、途中で不要だと思う情報があれば、簡単に取ることができますし、並べ替えも簡単です。この付箋の構成案は、映画における絵コンテのようなもの。

ひと通りできた段階で、他人になったつもりでチェックをします。

チェックするときは、「何か論理の飛躍がある部分があるはずだ、根拠が不十分な部分があるはずだ」という厳しい目で見てください。

## 「付箋を使う」と頭の中が整理される!

### ステップ1 まずは、付箋に情報を書き出す

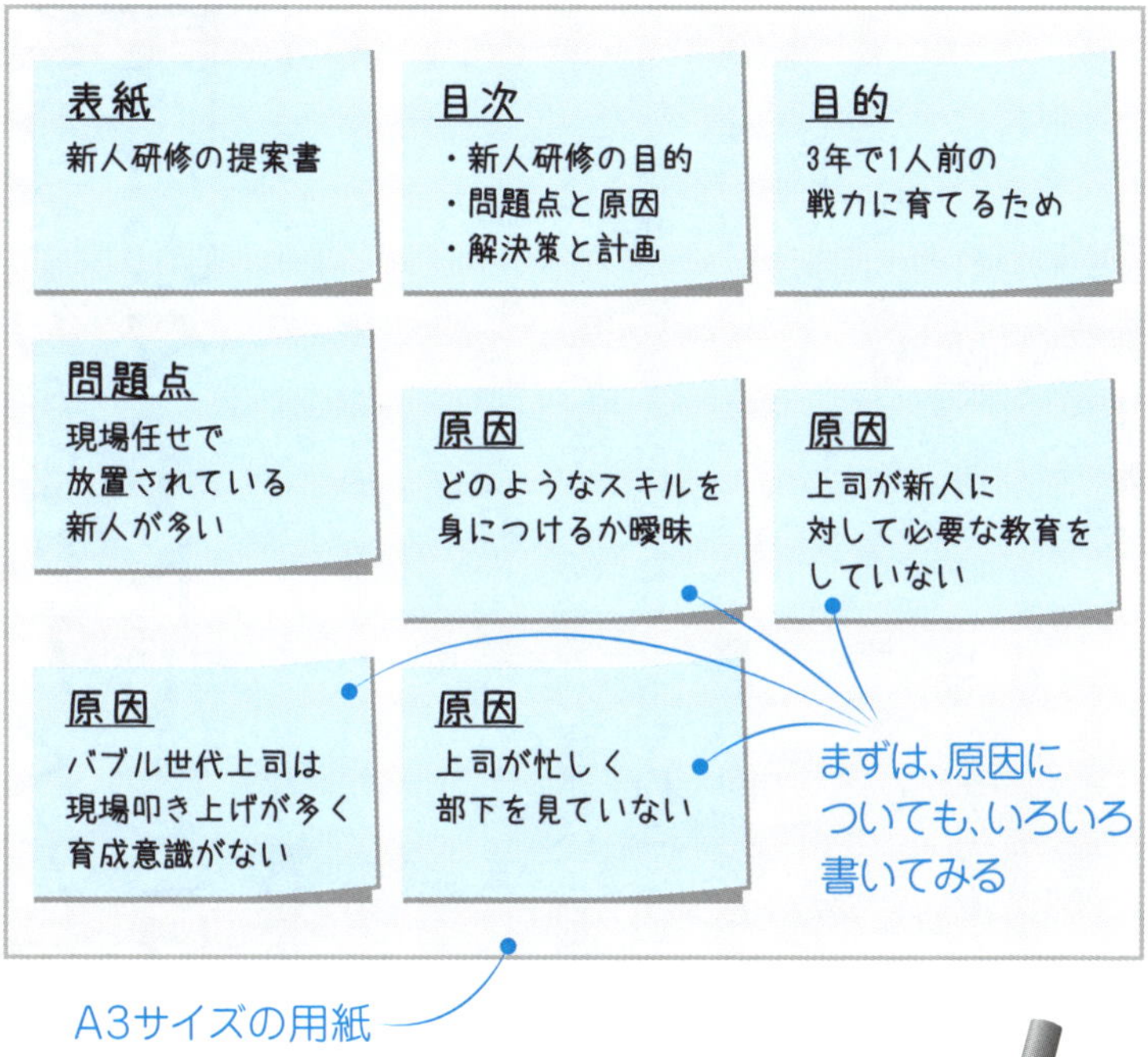


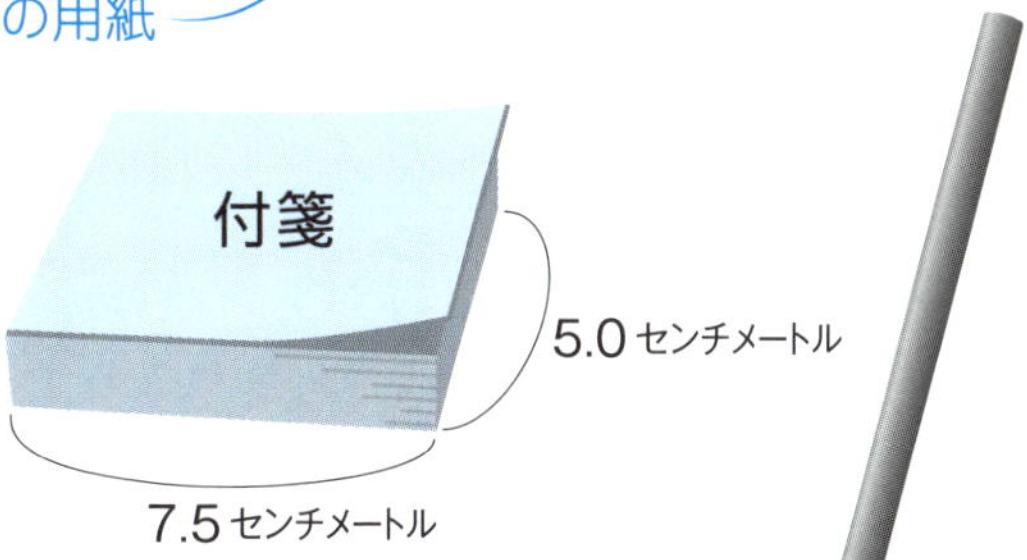


### ステップ2 伝える情報を選ぶ

### ステップ3 わかりやすい順番に並べる

27

# 決裁者が読みたくなる「資料のタイトル」とは?

## 資料の「表紙」に必要な情報は4つだけ!

一発ＯＫが出る資料の表紙は、どうあるべきでしょうか?

まず、一発ＯＫが出る資料の表紙は、**何の提案かがひと目でわかる**表紙です。

目立つデザインにしたり、提案内容と関係がないイメージ写真を使ったりする必要はありません（もっとも、新商品企画であれば、その商品のイメージ写真を入れてもいいですが）。

会社にはいろんな人がいます。

あまり表紙に力を入れると、「こんなところに時間をかけるなよ」と思う人もいるかもしれません。

表紙に必要な情報は４つ。

## いい表紙は「ひと目でわかる」!

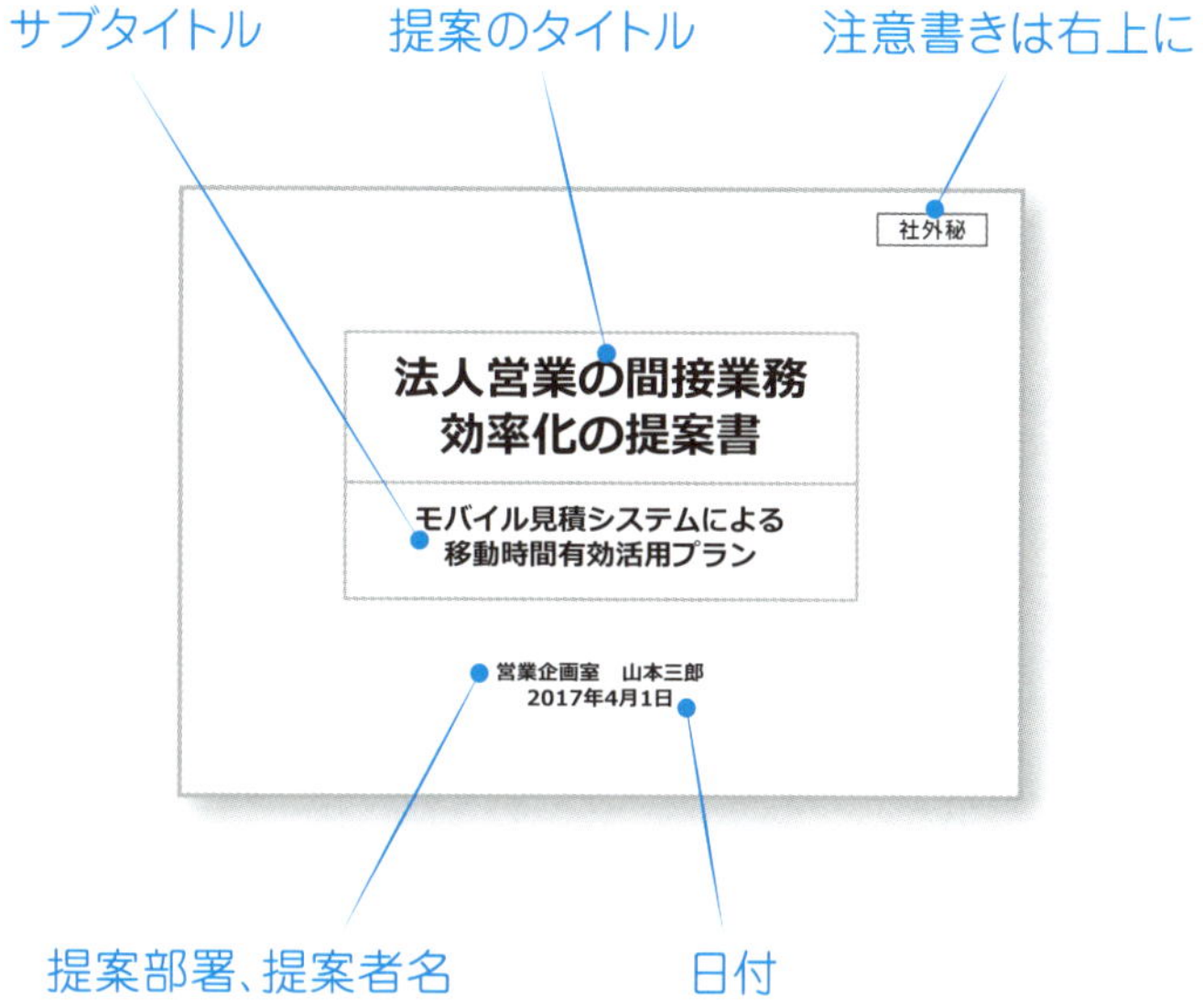


①提案のタイトル、サブタイトル。
②提案部署、提案者名。
③日付。
④社外秘、関係者秘などの注意書き。

この４つの情報がバランスよく配置されていて、罫線や色は最低限に抑えられている。華やかさより、見やすさのほうが、見る人にも好印象を与えます。

タイトルは文字の大きさを24～48ポイント程度で、左右はセンター合わせ。上下はセンターよりやや上部に置きます。

提案部署、提案者名、日付は表紙の下から１／４程度のところに、社外秘などの注意書きは資料の右上に、共に文字の大きさを12～24ポイント程度で配置します。

タイトルに関しては、長すぎず短すぎず12～24文字程度にします。短くしすぎると内容が漠然とするため、このくらいがちょうどいいのです。

タイトル作成のポイントは、**「誰に対して」「何をする」提案なのかを明示**すること。たとえば「業務効率化の提案書」では、うまく伝わりません。それを「法人営業の間接業務効率化の提案書」にすれば、ターゲットや取り組む方向性が明確になります。

タイトルだけでは少し伝わりにくいと感じる場合は、サブタイトルを入れます。

サブタイトルの入れ方は2つあります。

1つは、解決策の提案のイメージがつくような入れ方。たとえば、「モバイル見積システムによる移動時間有効活用プラン」といったものになります。

もう1つは、現状の問題点の特定をして危機感をあおる入れ方。たとえば、「43%が間接業務になっている営業の現状打開策」といったものになります。

いずれにせよ、サブタイトルは無難な表現より、内容を読んでみたいと思わせるような、**多少チャレンジした表現**にしたほうがいいでしょう。

## 決裁者が「読みたくなるタイトル」とは?

### わかりやすいタイトル作成のコツ

Bad

タイトル **業務効率化の提案書**

タイトルが短すぎると内容が漠然とする

Good

タイトル **法人営業の間接業務効率化の提案書**

「誰に対して」「何をする」提案かわかりやすい!

### 内容を知りたくなるサブタイトルのコツ

① 解決策をイメージさせる

サブタイトル モバイル見積システムによる移動時間有効活用プラン

② 危機感をあおる

サブタイトル 43%が間接業務になっている営業の現状打開策

# 28 一発で資料の内容がわかる「目次」簡単につくるコツ

**まず全体の流れを「2～4つ」に分ける**

資料には必ず、目次をつけます。

相手に理解してもらうというスタンスから考えてみれば、当然のこと。表紙をめくると、いきなり資料の本題が始まる――これではわかりやすい資料とは言えません。

資料を見る側の立場になって考えれば、わかることです。

資料はまずは、**全体像を決裁者に理解させることが重要**なのです。

目次といっても、すべてのページに何が書かれてあるかを記載する必要はありません。大切なことは、**資料の大きな流れ**を決裁者に理解させることです。

全体の流れを2～4つの章に分けて、大まかな流れを説明するのがコツ。たとえば、「法人営業の間接業務効率化の提案書」であれば、次の3つで十分です。

## いい目次は「何を伝えたいか」がわかる!

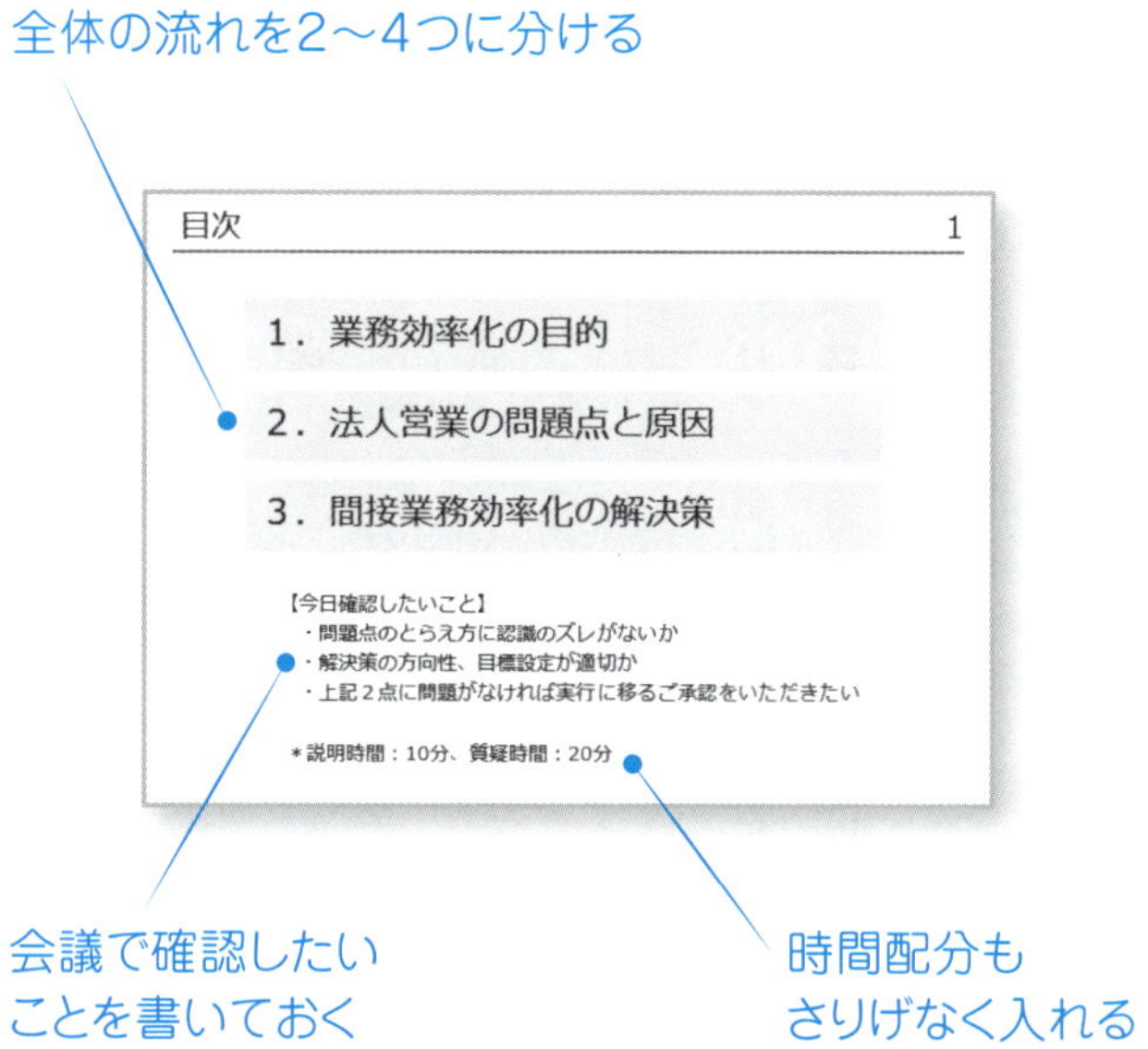


①業務効率化の目的。
②法人営業の問題点と原因。
③間接業務効率化の解決策。

次のように、自分が携わった業務を単純に並べただけの目次をよく目にしますが、これはＮＧです。

①ヒアリング調査結果。
②残業時間推移。
③見積件数と残業時間の相関分析。
④モバイル日報システム。

これでは、提案の流れが見えません。

決裁者は、単にブツ切れの情報を示され

ているように感じます。また、目次の下に、決裁者に**どのような視点で見てほしいか、何を確認したいのか**も書いておきましょう。たとえば、このように書きます。

**【今日確認したいこと】**

・問題点の特定のしかたに認識のズレがないか。
・解決策の提案、目標の設定が適切か。
・上記2点に問題がなければ、実行に移るご承認をいただきたい。

こう書いておけば、決裁者はそのことを意識しながら資料を見てくれるはずです。あわせて、説明の時間と質疑の時間も「説明時間：10分、質疑時間：20分」という形で記載しておけば、決裁者も集中して話を聞いてくれるでしょう。

資料の枚数が6枚以上になると、目次で資料の流れを示したとしても、決裁者は途中でその流れを忘れてしまうかもしれません。それを防ぐために、左図のように、流れ（章）が変わるタイミングで再度、目次をはさみます。これから始まる章の項目に色をつけることで、決裁者は全体像を見失わずに話を理解することができるのです。

## 「全体の流れ」をわかりやすくするコツ

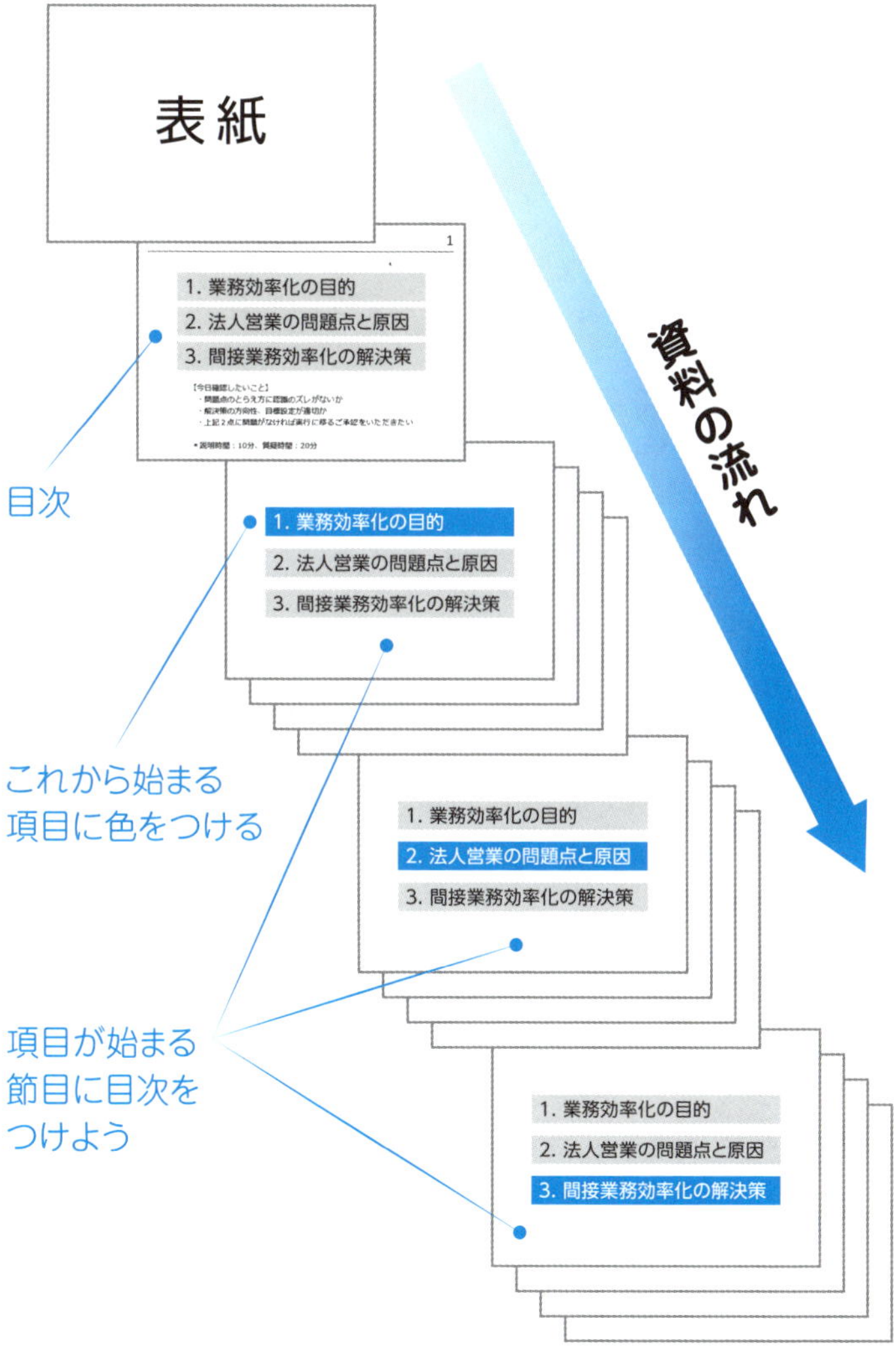

## 29

# 超重要！「統一感」を出す――各ページを「3つ」に分ける

### 全ページ「タイトル」「メッセージ」「ボディ」で揃える効果

資料の各ページは、3つのブロックに分かれます。

一番上に「**ページタイトル**」。

その下に「**メインメッセージ**」。

ページの中央に図やグラフが入る「**ボディ**」があります。

もちろん、ページ番号も入れます。会議の質疑応答のとき、ページ番号がないと進行がスムーズに行かず不便です。

そして、いい資料というのは、**「資料の体裁」が統一されている**ものです。

たとえば、関連する情報があれば、文字の大きさ、フォント、配置などを揃えるなどして、「資料の体裁」を統一する――そうすれば自然とわかりやすくなります。

## 「統一感」があると一気に見やすくなる!

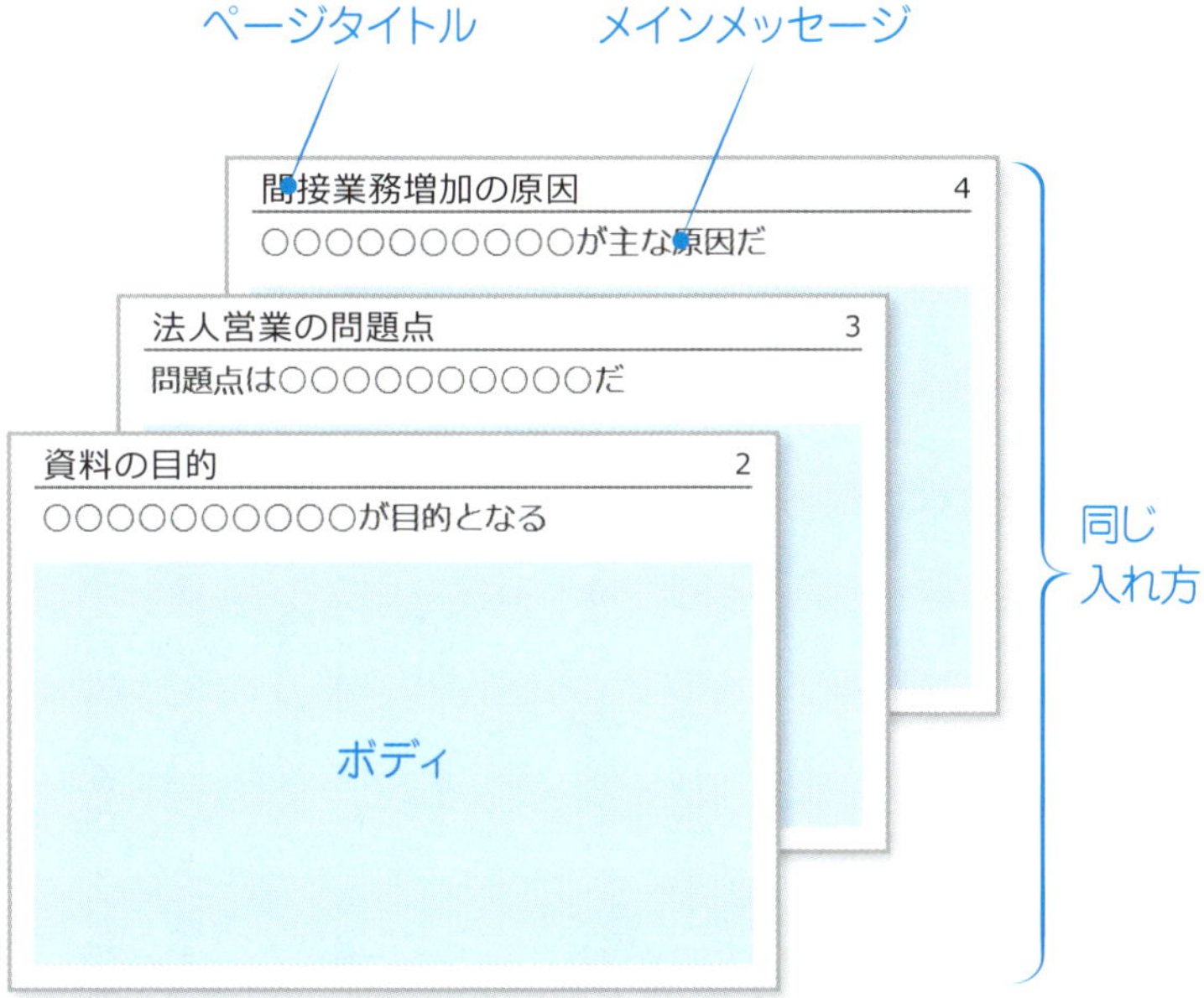


一発ＯＫが出る資料をつくる人は、つねに決裁者の立場を考えています。決裁者の負担を減らすために、資料の上部にあるページタイトルと、メインメッセージだけを読めば、何を伝えたいのかがわかるような資料をつくるものです。

具体的に言えば、ページタイトルとメインメッセージの文字の大きさと配置を統一する――それだけで、この**2つの文字が決裁者の目に自然と飛び込んでくる**のです。

資料づくりが下手な人は、そもそも「資料の体裁」を統一しようという発想がありません。だから文字を入れる場所がバラバラになったり、図があってその説明がないページがあったりするのです。これでは、そのページにおける重要なメッセージがどこにあるのか、決裁者がすぐわかりません。

「ページごとに最適な配置があるはずだ」と思う人もいるでしょうが、違うのです。ページごとでなく、資料全体で体裁が統一されているほうが見やすいのです。資料の具体的なデザインについては6章で説明しますが、ここでは構成を考えるうえで大切なポイントについて説明します。

ページタイトルは、そのページが**何について書かれているか**を示します。

大切なことは、6つの構成要素「目的」「問題点」「原因」「解決策」「目標」「計画（スケジュール、体制、予算）」のどの部分について説明しているページなのかを明確にすること。

つまり、それぞれの言葉をタイトルにしっかりと入れるのです。

たとえば、「法人営業の間接業務効率化の提案書」であれば、ページタイトルは「資料の目的」「法人営業の問題点」「間接業務増加の原因」「間接業務効率化の解決策」などといった形になります。

## 「伝えたいこと」を確実に伝えるコツ

**ページタイトル**　「何について書かれているか」を示す

「目的」「問題点」「原因」
「解決策」「目標」「計画」のうちどれ？

ともに原因について書いてある。
言葉を揃えるのがコツ

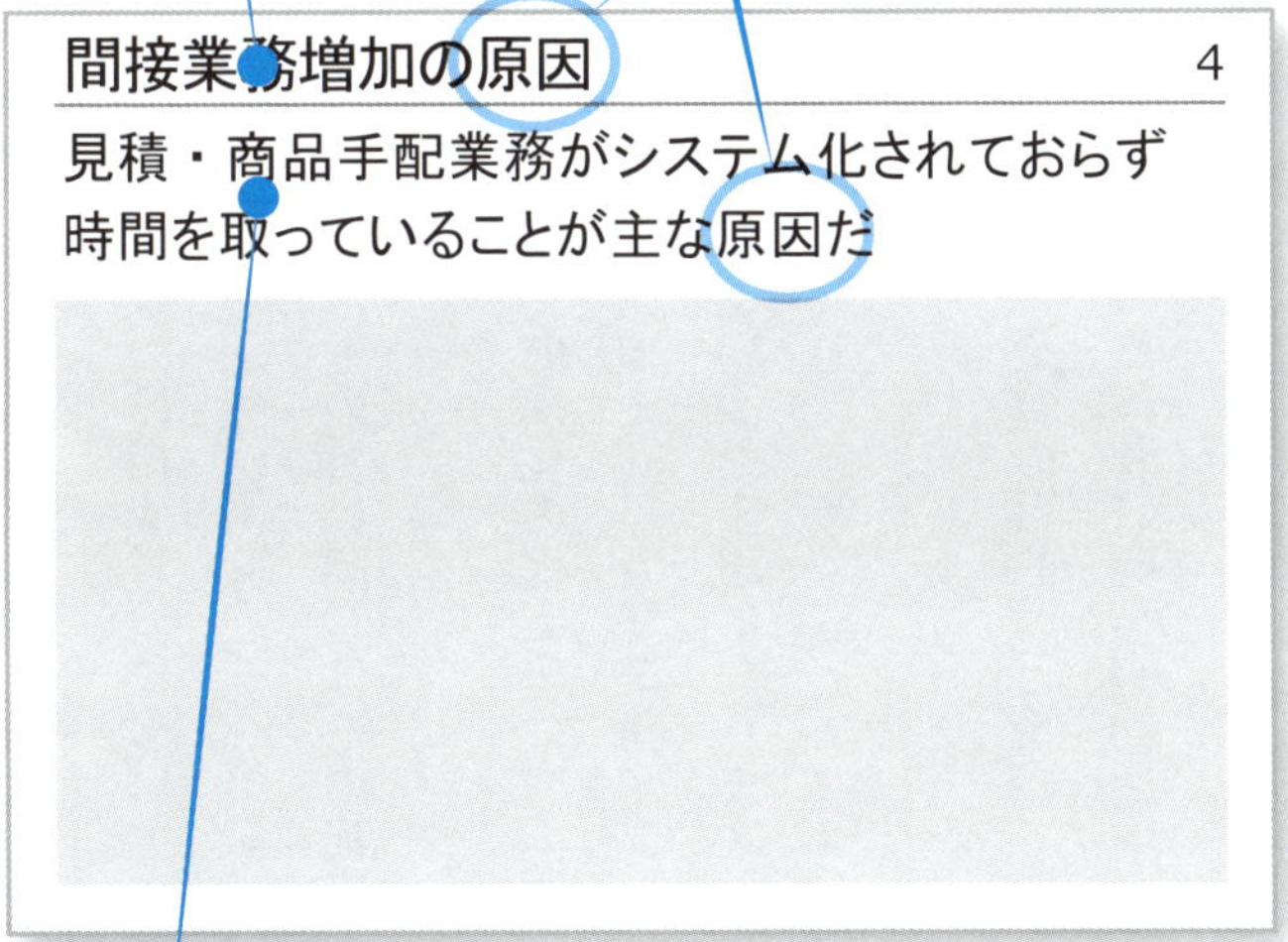
間接業務増加の原因
4
見積・商品手配業務がシステム化されておらず
時間を取っていることが主な原因だ

**メインメッセージ**　「最も伝えたい内容」を示す

「目的は○○○○だ」
「問題点は○○○○だ」
「原因は○○○○だ」

**結論は何かを明確に！**

メインメッセージは、提案者の主張。つまり、そのページで最も伝えたい内容を記載します。3項で述べたように「1ページ・1情報」が鉄則です。

メインメッセージのコツは、6つの構成要素についての**結論は何かを明確にする**こと。つまり、「目的は○○○○だ」「問題点は○○○○だ」「原因は○○○○だ」という形になります（もちろん、文章上の言い回しはその都度伝わりやすいように変えていく必要がありますが）。

たとえば「法人営業の間接業務効率化の提案書」の「原因」について説明するページでは、メインメッセージは「見積・商品手配業務がシステム化されておらず時間を取っていることが主な原因だ」といった表現になります。

ページタイトルとメインメッセージを考えるときには、この2つがズレていないかを注意してください。

たとえば、ページタイトルに「資料の目的」と書いてあるのに、メインメッセージには「モバイル見積システムによる移動時間の有効活用」と目的以外（この例は解決策）のことが記載されていないかどうか――一発ＯＫが出ない資料では、このようなケースがよく見られます。

# 30 資料の説得力は「ボディの説得力」に比例する！

## 「決裁者が一発ＯＫを出す根拠」をボディに書く

一発ＯＫが出る資料の「ボディ」には、決裁者が納得できる情報が詰まっているもの。

ボディとは、資料中央の図やグラフが入るスペース。

単に調べた内容を順番に図表化して入れればいいのではなく、メインメッセージで伝える主張を支える**根拠や具体化した方法論を示す情報**を、厳選して入れることが重要。一発ＯＫが出る資料をつくれない人は、自分が調べた情報をとにかくグラフや図にしてボディに入れることが多いようです。

では、６つの構成要素それぞれのボディには、どのような情報を入れればいいでしょうか？

資料の前半（目的、問題点、原因）では、調査したデータを表、グラフ、箇条書きで入れて根拠を示します。後半（解決策、目標、計画）では、具体的な方法論を図で示して納得感を出すようにします。

たとえば、「法人営業の間接業務効率化の提案書」をつくる場合、ボディに何を入れるかを見ていきましょう。

「目的」のページには、提案の背景となる法人営業で見受けられる悪化した状況を示す情報（残業の増加や売上の低下など）を、端的に箇条書きなどで入れます。

「問題点」のページには、間接業務（見積や商品手配作業）に時間がかかっているデータや、それにより営業の外出時間が減っていることを示すデータをグラフや表を交えて示します。

「原因」のページには、間接業務に時間がかかっている原因（業務のやり方が統一されていない、見積や商品手配作業は夕方から始めるので非効率など）の因果関係を図で示したり、営業現場の意見をアンケート結果などで示したりします。

「解決策」のページには、「ＩＴツールの導入」「しくみの見直し」「人員増強」など

## 「ボディの説得力」を高めるコツ

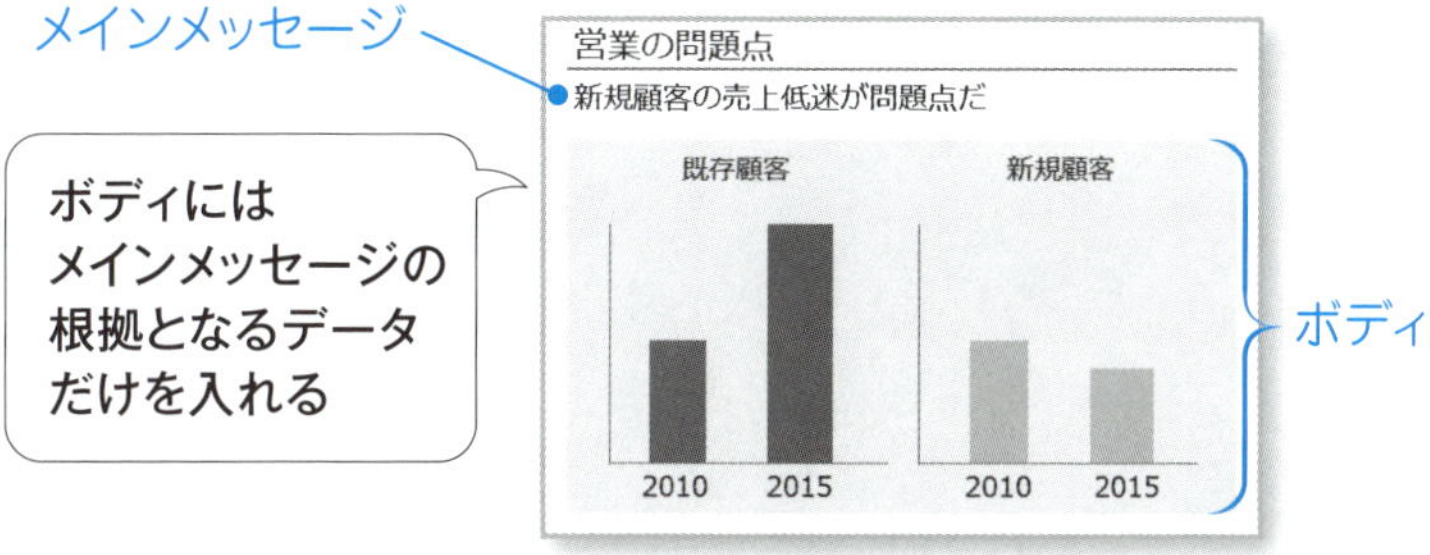


「法人営業の間接業務効率化の提案書」のボディ情報

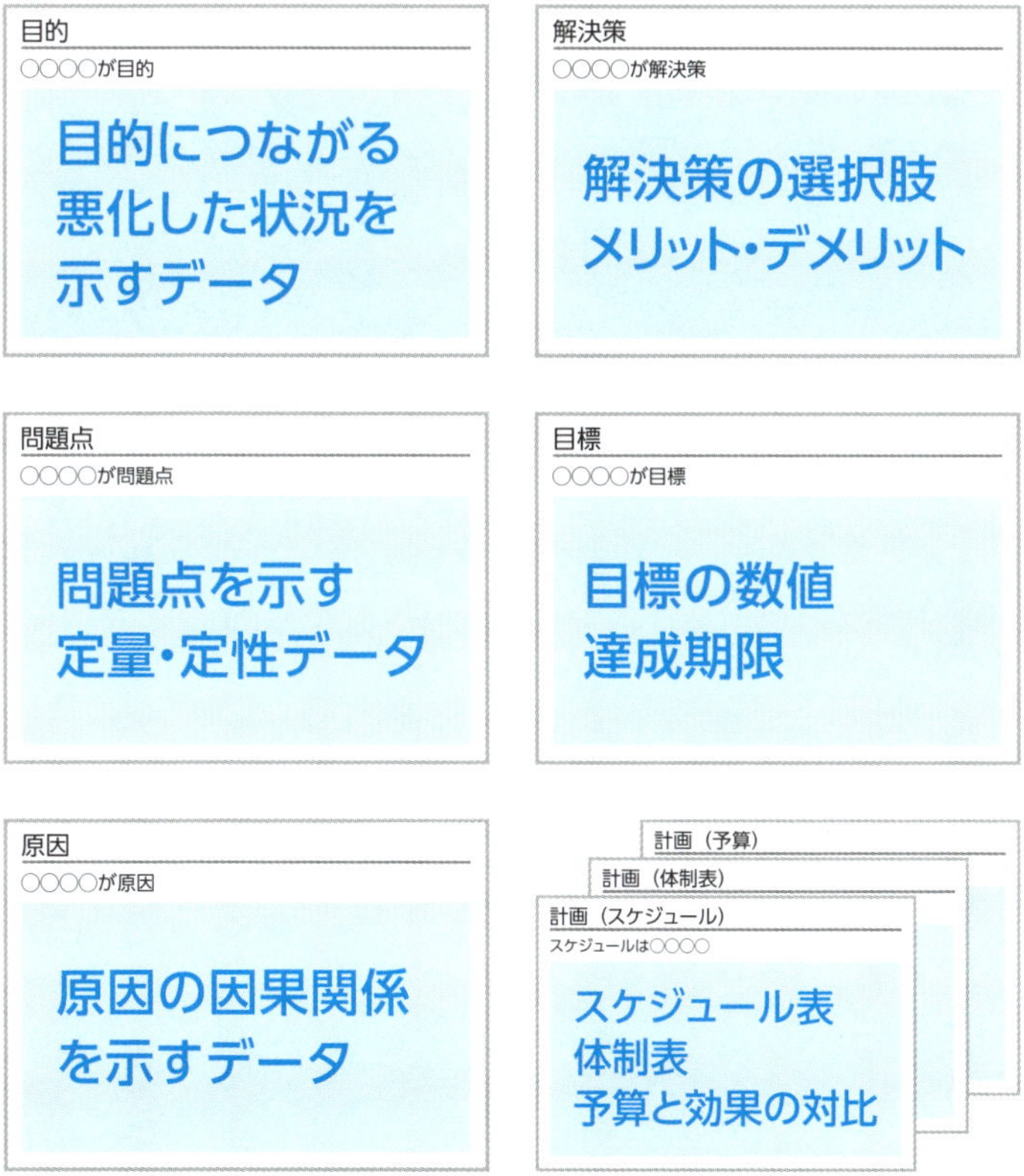

解決策の選択肢を示し、それぞれのメリット・デメリットを表にします。そのうえで、どの解決策がおすすめなのかを、色や印をつけるなどしてわかるようにします。

「目標」のページには、間接業務にかける時間の比率を、いつまでにどこまで下げるのかをグラフや表で示します。

「計画」のページには、導入までのスケジュール、プロジェクトの体制、プロジェクトに必要な予算をそれぞれ1ページを使って示します。

以上は、あくまでも例示ですが、ボディには**メインメッセージを補足する内容を図や表を使って入れる**のです。つまり、ボディに何を入れるのかは、メインメッセージが決まらないと決められません。

ボディに入る内容は必ずメインメッセージを支えるものでなくてはならないのです。「ちょっと面白いデータがあったので、多少脱線するけどこのデータも入れておこう」といった発想はNGと心得てください。

メインメッセージとボディの関係は「結論」と「根拠」の関係にある、ということをしっかり意識して資料をつくりましょう。

# 31 「本編」「参考資料」の2つに資料を分けるビジュアル効果

## 会議で出てくる質問を想定した「最強の参考資料」

資料のページ数は、12ページ以下に抑える――これは鉄則です。

しかし、実際には、調べたデータなどが増えて、ページ数を減らすのが難しい場合も珍しくありません。資料づくりが下手な人は、すべての情報を1つの資料に入れようとしがちです。結果、分厚い立派な資料ができますが、それだけ決裁者にとってはわかりにくいものになるのです。

その点、一発OKが出る資料をつくる人は、「**参考資料**」を上手に使います。「参考資料」をつくることで、資料本編のページ数が増えるのを防ぐのです。

たとえば、アンケート調査結果や細かい財務データなどは、本編に入れるのではなく「参考資料」として別に綴じるのです。そうすれば資料本編を12ページ以下――**会**

**議で説明するのに適したボリューム**――に抑えることができます。

資料を本編と参考資料の2つに分けるのは、視覚的な効果もあります。薄い本編の資料をまず配り、それから少し厚めの参考資料を配ります。本編の薄さは、会議の参加者に対して「内容がしっかり厳選されているだろうな」という印象を与えます。そして、少し厚めの参考資料は、「資料がしっかりと調査されたうえでつくられているのだろうな」という印象を与えます。

本編の内容を説明している途中で、会議の参加者から「このデータはもう少し詳しく確認できないかな?」と質問されることがあります。

そのような場合、参考資料を用意していないと、あわてることになります。パソコンを急に開いて「少しお待ちください。どこかにデータがあったはずです!」といった具合です。最悪な場合、探しているデータが見つからず、「次回またご提示します」となって、承認が得られないこともあります。

ですから、参考資料を作成する際は、本編の各ページで**どのような質問が出そうかを想定しておく**必要があります。それらの想定質問に答える調査結果や細かい予算の

## 「資料」「参考資料」使い分けるコツ

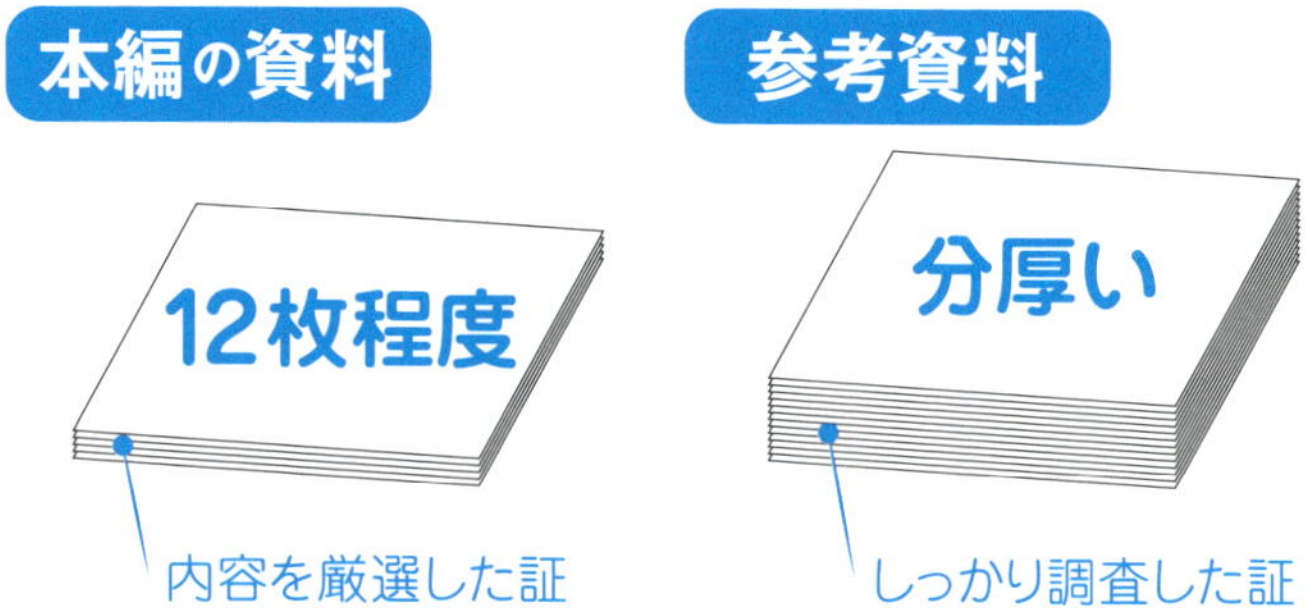


### 本編の資料

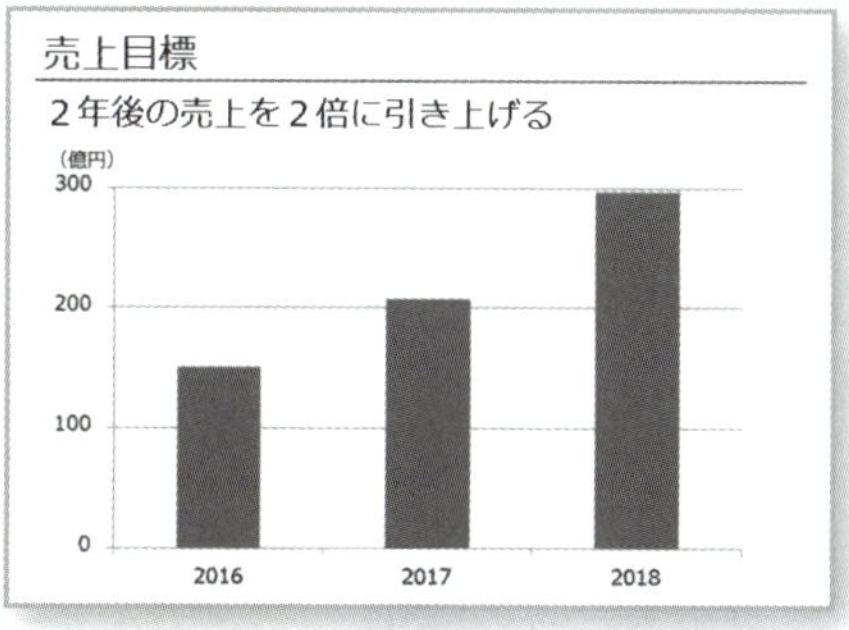


本編の資料で使ったグラフや図の根拠となるデータを用意。

### 参考資料

財務目標

（億円）

| | 2016 | 2017 | 2018 |
|---|---|---|---|
| 売上 | 150 | 207 | 297 |
| 原価 | 89 | 122 | 174 |
| 売上総利益 | 61 | 85 | 123 |
| 売上総利益率 | 40.7% | 41.1% | 41.4% |
| 販管費 | 56 | 75 | 103 |
| 営業利益 | 5 | 10 | 20 |
| 営業利益率 | 3.3% | 4.8% | 6.7% |

根拠などを用意します。

では、参考資料でどこまでの内容を用意するのかというと、提案に必要な根拠となるデータが抜け、モレなく入っている状態になるまでです。

「本編の資料でわざわざ説明はしなかったものの、裏ではこれだけしっかりと調べている。どこから質問されても大丈夫です」と思えるようになるまでの情報を用意しましょう。

参考資料をまとめるときに大切なことは、デザインや見やすさを整えることではありません。

**数値が間違っていないかを徹底的にチェックする**ことです。

参考資料で最も恐いのは、参加者から「ここの数字間違っているんじゃないの」という指摘を受けることです。「この数字の根拠を説明して」と言われて、参考資料を示したところ、その中に載っている数値の間違いを指摘されて、承認を得られなかった提案を、私はたくさん見てきました。

会議には必ず、そのように細かく数字の間違いを探して指摘する人が、1人はいるものだと思って参考資料をチェックしましょう。

# 32 「3分で一発ＯＫが出る」究極の資料——エグゼクティブサマリー

## 資料を「Ａ４用紙１枚にまとめる」簡単なコツ

ポイントをまとめた要約版資料のことを**「エグゼクティブサマリー」**と言います。忙しい「役員（エグゼクティブ）」向けの「要約（サマリー）資料」といった意味です。通常、**Ａ４用紙１枚**にまとめられています。

一発ＯＫが出る資料をつくる人は、エグゼクティブサマリーの準備も忘れません。というのも、社長や役員の時間はつねに緊急の案件で変化するからです。ときには会議の説明時間が大幅に短縮してしまったということもあるでしょう。

たとえば、会議の説明時間が大幅に短縮し、２～３分でポイントだけ説明することになったとしたら、通常の資料では決裁者に伝えることさえ難しくなります。そのようなときのために、Ａ４用紙１枚に大事なポイントがすべて入っているエグゼクティブサマリーをつくっておくのです。

具体的には、6つの構成要素を3つ程度にまとめて、メインメッセージの中のさらに重要な部分だけを抜き出して箇条書きにします。

「法人営業の間接業務効率化の提案書」であれば、次のような感じになります。

**①業務効率化の目的**

顧客訪問件数が3年前の81％に低下、売上も300億円を切る状況。

営業の間接業務の効率化を図り、顧客訪問数1200件に回復させる。

**②法人営業の問題点と原因**

問題点は、見積等の間接業務の時間が多く、外出時間を確保できていないこと。

原因は、「価格表が複雑」「見積がシステム化されていない」の2点。

・訪問件数目標1200件／月→実績993件／月

・外出時間目標（比率）　60％→実績48％

## できる人の「エグゼクティブサマリー」のコツ

### 「エグゼクティブサマリー」とは?

ポイントをまとめた要約版資料

「法人営業の間接業務効率化の提案書」

営業企画室　木下二郎

2017年3月15日

①業務効率化の目的

顧客訪問件数が3年前の81%に低下、売上も300億円を切る状況。

営業の間接業務の効率化を図り、顧客訪問数1200件に回復させる。

②法人営業の問題点と原因

問題点は、見積等の間接業務の時間が多く、外出時間を確保できていないこと。

原因は、「価格表が複雑」「見積がシステム化されていない」の2点。

・訪問件数目標 1200件／月→実績 993件／月

・外出時間目標（比率） 60%→実績 48%

③間接業務効率化の解決策

モバイル見積システム（A社製品）導入により見積作業の50%を外出時間で行なう。

・外出時の平均移動・待ち時間は1.7時間／日（十分な効果が見込める）

・A社製品の満足率92%（外出時の見積作業が実現できる）

「目標」 顧客訪問件数1200件、外出時間60%達成（7月～）

法人営業部門　売上300億円達成（2017年度）

「計画」3月中に稟議決裁、6月末までに導入

予算：システム導入費3500万円、維持費300万円／年

効果：営業利益4200万円／年　（売上増額7億円×6%）

項目は
3つ程度に

A4用紙1枚に
まとめる

キーワードに色をつけると
パパッと目で追いやすい

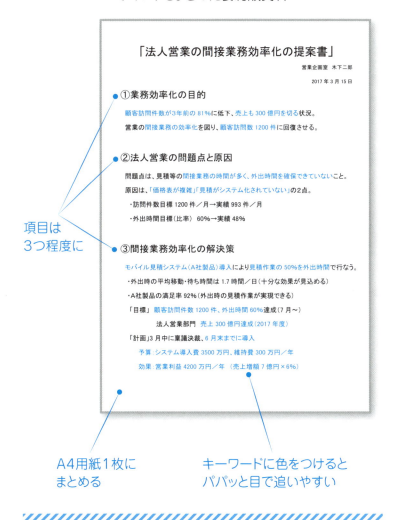

③問接業務効率化の解決策

モバイル見積システム（A社製品）導入により見積作業の50％を外出時間で行なう。

・外出時の平均移動・待ち時間は1・7時間／日（十分な効果が見込める）

・A社製品の満足率92％（外出時の見積作業が実現できる）

「目標」　顧客訪問件数1200件、外出時間60％達成（7月〜）

法人営業部門　売上300億円達成（2017年度）

「計画」　3月中に稟議決裁、6月末までに導入

予算：システム導入費3500万円、維持費300万円／年

効果：営業利益4200万円／年　（売上増額7億円×6％）

グラフや図などは、基本的に不要です。文章中心の資料になりますので、**キーワードに色をつける**といいでしょう。そうすれば、決裁者も重要な文字をパパッと目で追えますので、2〜3分でスピーディーに理解することができるはずです。

また、エグゼクティブサマリーを書くと、意外なメリットがあります。本当に大事な部分しか記載しないので、資料のロジック（論理構成）をチェックできるのです。

# 33 「一発ＯＫ」でなくあえて「二発ＯＫ」を狙うべき場合

## 戦略「1回目で問題点の特定・2回目で解決策の提案」

仕事ができる人というのは、ある意味、戦略家です。

たとえば、１回の会議で無理に決裁をもらおうとはしません。

特に、内容が複雑多岐に渡る提案の場合、**数回に分けて、少しずつ決裁者と内容について合意していこうとする**ものです。「一発ＯＫ」と言っても、どこまでのＯＫをもらえばいいのかを考えるべきなのです。

たとえば、「既存事業の中期的戦略見直しに関する提案書」のような長期的な案件で大きな投資を伴うものがあります。

これを１回の提案で通そうとすること自体、無理があるのです。

一発ＯＫが出る資料をつくる人は、あえて段階を踏んで提案をします。

1回目の資料では問題点の特定まで、2回目の資料で解決策の提案といった具合に、戦略を練るのです。

たとえば、ある雑貨店で売上がここ数年、下がっていて、なんらかの解決策を提案する場合を考えてみましょう。

このような場合、何が原因で売上が下がっているのかを会議参加者としっかり合意形成をしないと、解決策の妥当性が判断できなくなります。

「商品のトレンドが変わってきている」のか、「販売力が競合に比べて弱くなっている」のか、「低価格商品が増えてきて価格競争力が下がっている」のか……まずはそこを見きわめ、合意しておくのです。

ですから、このような場合、1回目の資料では具体的な解決策の提案はしません。

まずは、**現状の問題点の特定と原因の究明まで**を行ないます。

問題点は「商品のトレンドが変わってきている」。原因は「北欧テイストの雑誌の特集が増えており、アメリカンテイスト中心の商品ラインナップの店舗では集客ができなくなっている」といった具合です。

ここまでが合意できれば、2回目の資料では、「商品に北欧テイストの雑貨をどの

## 「二発OKを狙うべき場合」の戦略

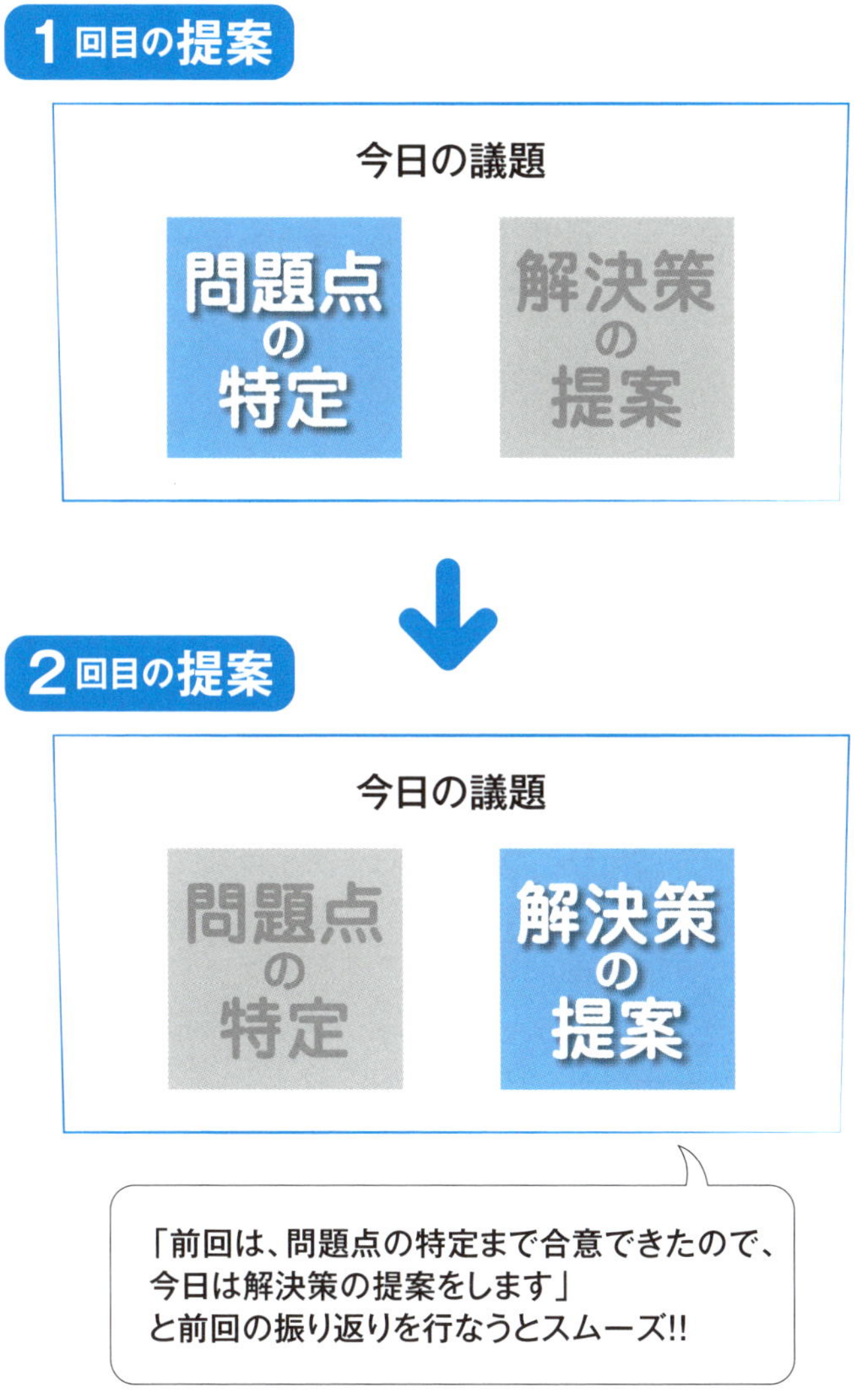
1 回目の提案
今日の議題
問題点の特定
解決策の提案
2 回目の提案
今日の議題
問題点の特定
解決策の提案
「前回は、問題点の特定まで合意できたので、
今日は解決策の提案をします」
と前回の振り返りを行なうとスムーズ!!

ように取り入れて売上を回復するのか」という解決策の提案をすればいいわけです。

このように資料を2回に分けて提案するメリットが、もう1つあります。

1回目の会議で、問題点と原因を説明したあと、参加者からアドバイスをもらえることがあるのです。

「北欧テイストの雑貨なら、いちから開発するより安い社外品メーカーがある」

「北欧テイストといっても具体的な国まで特定してデザインを詰めたほうがいい」

といった具合です。こうしたアドバイスを反映した解決策の提案をすることで、参加者からも応援してもらえるような提案になるわけです。

ただ、提案を複数回に分けるときには、1つ注意点があります。それは前回の資料で**どこまでの話が合意されているかをしっかりとおさらいする**ことです。

たとえば、「前回、流行の北欧テイストの商品が少ないことが売上低下の主な原因であるというところまで説明しました。今回は北欧テイストの雑貨の中でどのような商品をどこから調達するのかについて説明します」と前置きするのです。

そうしないと、参加者は前回の話を忘れている可能性もありますから、話が元に戻ってしまうこともあるわけです。

4
章

# 見るだけで理解できる「最強の文章」を書く!

文章が下手な人は結局、「考え方が下手な人」

# 34

# 説得力のある文章とは、例外なく「短い文章」だ！

## 文章が長いのは「考えがまとまっていない証拠」！

決裁者が納得するかどうかは、資料のちょっとした表現で決まることがあります。ですから、一発ＯＫが出る資料をつくる人は、文章の言い回しに気を使います。ポイントは、しっかりと読まなくても、パッと見て理解できること。

そのために大切なのは「**言葉を極限まで削る**」意識。

文章が長くなるのは、考えがまとまっていない証拠なのです。

どの言葉を残せばいいのかわからないので、いろいろと書いてしまうのです。

「人間は考える葦《あし》である」という言葉を残した、フランスの哲学者パスカルは、言葉の名手として知られています。そのパスカルでさえ、友人に出した手紙に「今日は時間がなかったために、このように長い手紙になってしまったことをお許しください」

と書いたと言われています。
たとえば次の2つの文章、会議の資料としてどちらが理解しやすいでしょうか？

①「全社にとって最適なやり方ではなく、各部門がそれぞれ自分たちにとって都合のいいやり方の行動を取っていることが問題点と言えるのではないか」

②「問題点は全社最適ではなく部門最適の行動」

もちろん、後者の短い文章のほうが、ムダな表現がないぶん圧倒的にわかりやすいはずです。

また、会議で資料を説明する際、2つのシチュエーションがあります。
1つは、プロジェクターを使って画面投影する場合。もう1つは、プリンターで印刷した紙資料を配布する場合です。

どちらのシチュエーションで資料を使うかで、資料の文字数は多少違ってきます。
**投影用の資料**であれば、基本的な文字数は、**1行13〜16文字程度**。長くても2行まで、つまり、32文字です。YAHOO!トピックスのタイトルが13文字、テレビの字幕も通常1行16文字程度とされていますので、ちょうどそのくらいが目安です。

**紙配布用の資料**であればもう少し長くてもいいでしょう。

ただ1行が長いと読みにくいので、**20～30文字くらい**で改行して、2行まででおさめること。つまり、1つの文章の長さは**40～60文字が上限**でしょう。

いきなり短い文章を書こうとはしないこと——これが文章を短くするコツ。

まずは言いたいことを、少し長めでもいいので書いてみるのです。そして、繰り返しの表現や修飾語を削るなど、短くできるところを探して意味が伝わるギリギリの線まで短くします。

文章を短くするコツは以下の5つがあります。

**①繰り返しの表現を削る。**

「総務部のムダ、人事部のムダ、経理部のムダを」→「総務、人事、経理のムダを」

**②修飾語を削る。**

「しっかりと時間をかけて調査したうえで、丁寧に分析して」→「時間をかけて調査・分析し」

## 文章は「ムダな言葉を削る」と強くなる

### ムダな言葉を削る5つの方法

**① 繰り返しの表現を削る**

総務部のムダ、人事部のムダ、経理部のムダを

↓

総務、人事、経理のムダを

**② 修飾語を削る**

しっかりと時間をかけて調査し、丁寧に分析して

↓

時間をかけて調査・分析し

**③ 繰り返しの「の」を削る**

法人部門の営業の見積の作業が

↓

法人営業の見積作業が

**④ カタカナを漢字にする**

チャレンジする

↓

挑戦する

**⑤ 体言止めにする**

海外への展開に挑戦する

↓

海外展開の挑戦

**③繰り返しの「の」を削る。**

「法人部門の営業の見積の作業が」→「法人営業の見積作業が」

**④カタカナを漢字にする。**

「チャレンジする」→「挑戦する」

**⑤体言止めにする。**

「海外への展開に挑戦する」→「海外展開の挑戦」

プレゼン資料では文章は短いほうが、読み手もリズムよく内容を理解できます。

しかし、削りすぎて本来の意味が伝わらないと意味がないので注意が必要です。

たとえば、「マネジメントに問題がある」という文章です。

これだけでは、経営上の問題なのか、部下の管理の問題なのかが、よくわかりません。「経営陣の責任権限の設定に問題がある」「中間管理職の部下の管理に問題がある」と具体的に書いたほうがいいでしょう。

# 35

# 「ポイントは3つある」――「箇条書き」なら一発で伝わる！

## 箇条書きなら「情報の数」も一瞬でわかる

わかりやすい文章が簡単に書けるコツを紹介しましょう。

資料で伝える**ポイントを箇条書きでまとめる**――これだけです。

箇条書きでまとめると、自分が伝えるべきポイントがいくつあるのかを意識できるので、自然と文章の流れがよくなるのです。

「大事なポイントは3つあります」――自分の話の重要箇所がいくつあるかを事前に伝えると、一気にわかりやすくなるものです。プレゼンの技術の基本です。

資料づくりも同じこと。箇条書きを使うことで、わかりやすい資料になるのです。

箇条書きは、情報を整理してシンプルに見せるテクニック。最大のメリットは読み手のストレスを軽減できることにあります。

以下、２つの文章を比べてみましょう。

①「現在の営業部門の管理職は、自分自身も売上のノルマを持っているプレイングマネジャーになっているために、部下の管理が十分にできていないことがあげられる。また、自部門の売上目標の達成だけに関心が行き、部下の育成を自分の仕事とは思っていない。そして、『数字をあげろ』と檄《げき》は飛ばすが、具体的な指示を部下に与えていないといった問題点がある」

②「営業管理職の３つの問題点
1、自分で売上のノルマを持ち、部下を管理していない（プレイングマネジャーの弊害）。
2、部下の育成に関心がない（短期的な数字のみに関心がある）。
3、具体的な指示がない（目標を伝えるだけになっている）。」

まず、文章が長いと、しっかりと読まないとわからないのではないかというプレッ

## 箇条書きでポイントをまとめる!

営業管理職の3つの問題点

**普通の文書**

営業部門の管理職は自らも売上ノルマを持っているため部下の管理が十分にできていない。自部門の売上目標の達成だけに関心が行きがちで、部下の育成を自分の仕事と考えていない。また、部下に対して具体的な指示を与えていないことも問題点である。

ポイントはどこ?

もやもや

**箇条書き**

① 部下を管理しない
② 部下の育成に関心がない
③ 具体的な指示がない

ポイントは3つ!

スッキリ

シャーを読み手は感じてしまいます。一方、箇条書きなら**情報がいくつあるのかが一瞬でわかる**ので、読み手はそこでまず安心します。そして、内容をじっくりと理解しようとするのです。

ただ、箇条書きの数は、**多くても4つまで**に抑えることが基本。

一般的には「マジックナンバー7±2」といって、人が同時に覚えられる情報は7つ前後とされていますが、ビジネスの現場では当てはまらないように思います。実際、説明を聞いて頭に入る情報は3つまで、多くても4つがいいところではないでしょうか。箇条書きが7つもあっては、とても覚えられないと思います。

また、箇条書きの内容について、注意してほしいことがあります。

箇条書きの**各項目のレベル感を揃える**ということです。

たとえば、レストランの戦略について語るときに、「①メニューの見直し」「②価格の見直し」「③深夜営業の導入」ではレベル感が揃っていません。「③深夜営業の導入」が、ほかの2つに比べて小さいわけです。

箇条書きは大きい話と小さい話が混ざらないようにするのがコツです。内容のレベルを揃えるならば、「①メニューの見直し」「②価格の見直し」「③サービスの見直し」となります。「深夜営業の導入」は「サービスの見直し」の一部になります。「品質」「コスト」「納期」や、「市場」「競合」「自社」といった具合に、最初から項目のレベル感を揃えるのもコツです。その項目に合わせて箇条書きの内容を考えれば、レベル感が崩れることはありません。

箇条書きは、文頭に「・」や「✓」などの印より、「1」「2」「3」という形でナンバリングすることをおすすめします。そうすることで、「2番のところを見てください」と数を言って説明がしやすく、相手の頭にも残りやすくなるからです。

## 「箇条書きのメリット」を最大にするコツ

### 数

**箇条書きのコツ**

① キーワードを拾う
② 文頭は数字で揃える
③ レベル感を揃える
④ 数を絞る

説明するとき①を見てくださいと言える

資料の箇条書きは最大4つまで
それ以上は頭に入らない

### レベル感

**Aレストラン　今後の戦略**

① メニューの見直し
② 価格の見直し
③ 深夜営業の導入

①②とレベル感が揃っていない

↓

③ サービスの見直し

このように改変すると
①②とレベル感が揃う

# 36

# 「他社の成功例」のすごい説得力――事実は誰も否定できない

## 決裁者の多くが「前例を見て納得する人」

「資料を読む限りうまくいきそうだが、実際、そんなにうまくいくのか？」

読んでいて、そのような疑問を抱かせる資料があります。理屈は通っているものの、リアリティがないというか、要は説得力が今ひとつなのです。

たとえば、女性社員の離職率の高さに悩んでいる会社の人事部が、「働き方改革の提案書」を提出する場合について考えてみましょう。その人事部は、提案書の中で「在宅勤務制度の導入」について提案しました。

説得力が今ひとつな人は、だいたい次のように提案します。

「在宅勤務制度を導入すると、子育て中の社員でも通勤時間に縛られずに働け、長期

## 「理屈」＋「事例」＝「説得力」！

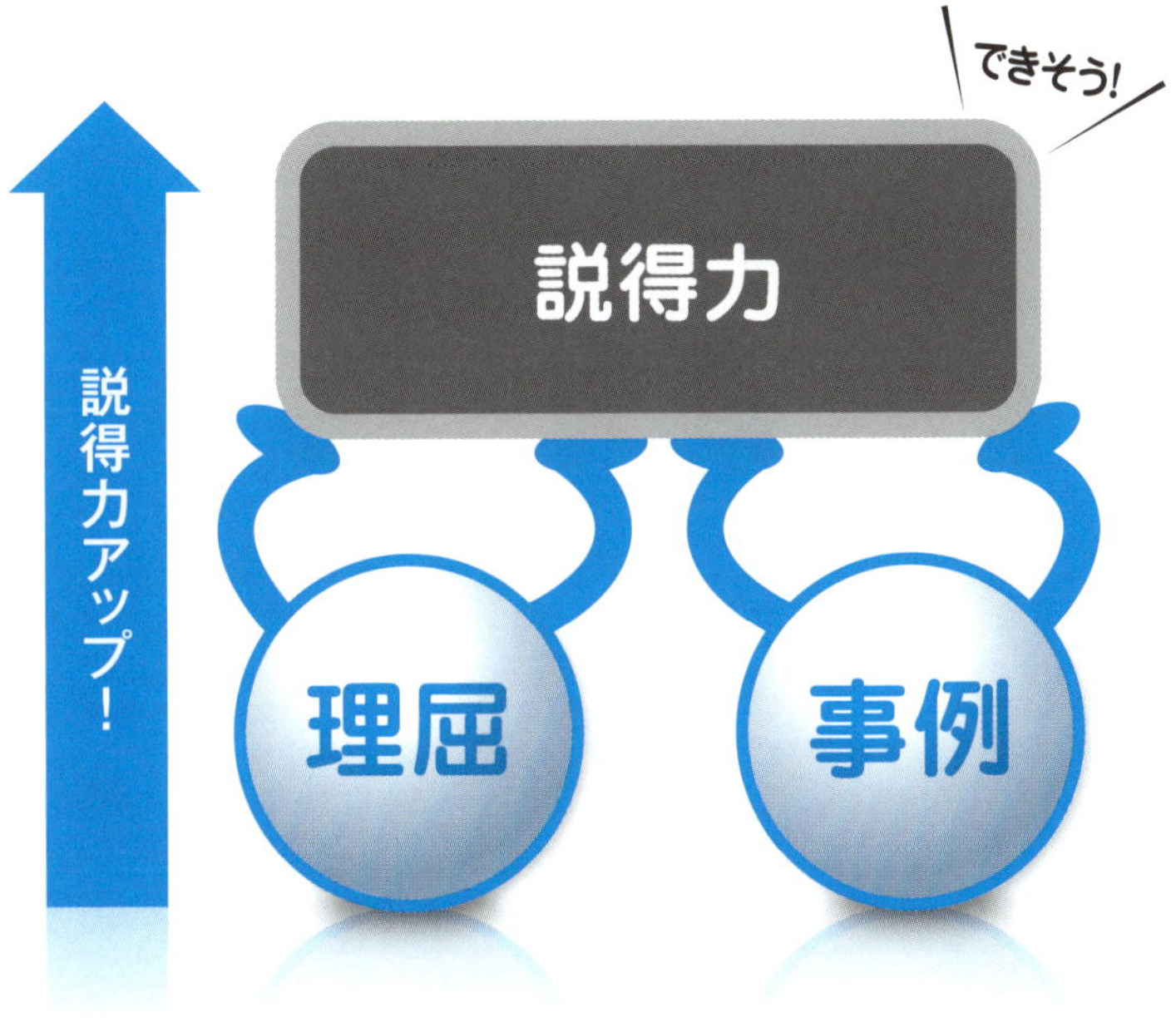


の女性雇用につながる」

「ノートパソコンと携帯電話があればどこでも仕事は可能。会議はパソコンを使ったテレビ電話でもできる」

一見、しっかり考えているようですが、「実際、そんなにうまくいくのか？」と思ってしまいます。一発ＯＫが出る資料をつくる人は、読み手が「これはうまくいきそうだ！」と思わせる**説得力を資料に込める**のです。

説得力とは、つまりは**理屈＋具体的な事例**です。

筋の通った話に具体的な事例が入ると、説得力が一気に増します。

「在宅勤務制度を3年前に導入したミカサ社では、女性の離職率が導入前の1／5まで改善。在宅勤務制度の利用者でも週3日以上はフレックスタイムを使って会社に来ることでコミュニケーション上の問題を解決している」
「当社と同業態の山本商事では、在宅勤務者は週1回、上司との面談時間を30分取ることになっており、メールや電話では難しい相談などのコミュニケーションが取れるようにしている」

このように、事例を踏まえた説明をされると、読み手も納得しやすくなるのです。「リスクはあるかもしれないが、成功している企業があるなら試してみてもいいか」と考えやすくなるわけです。

「**キャズム理論**」というマーケティング理論があります。
これは、革新的な商品を目にすると、人の反応は5種類に分かれるという理論です。

①イノベーター（新しいものに飛びつく人）。

## 「この人」を味方にすればOKが出る!

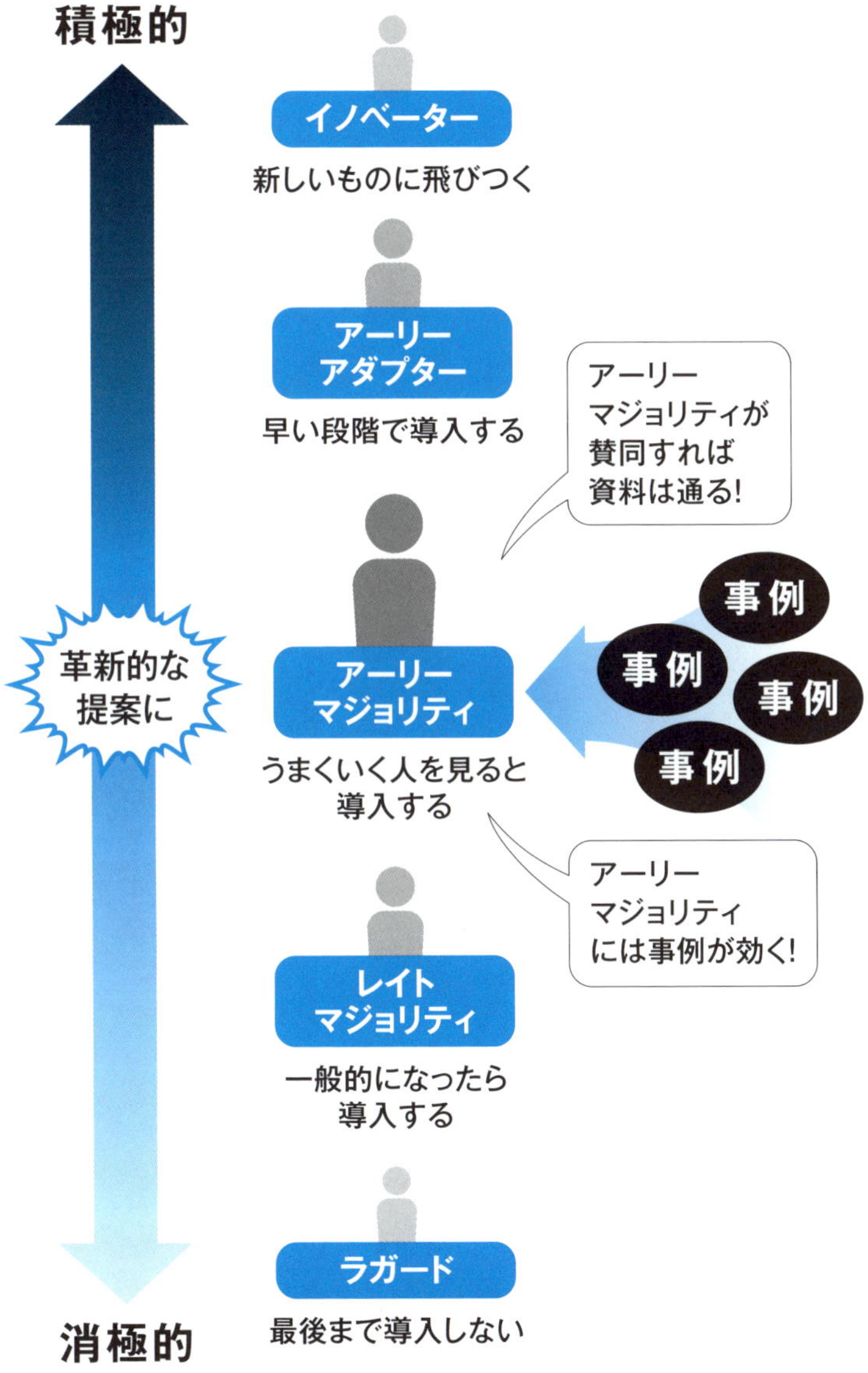

②アーリーアダプター（早い段階で導入する人）。
③アーリーマジョリティ（うまくいく人を見ると導入する人）。
④レイトマジョリティ（一般的になったら導入する人）。
⑤ラガード（最後まで導入しない人）。

「キャズム理論」によれば、アーリーアダプターとアーリーマジョリティの間には、深い谷（キャズム）があります。その深い谷を越えて、アーリーマジョリティ（アーリー：早い段階、マジョリティ：多数派）が賛同しないと、その革新的な商品や取り組みは結局うまくいかない――のです。

会社の提案（特に革新的な提案ほど）に対する会議参加者の反応も同様です。アーリーマジョリティが賛同するかどうかが、勝負を分けるのです。

彼らは、うまくいく事例を見てはじめて納得します。提案する内容が社内ではじめての取り組みであるならば、必ず他社の成功事例を探すべきなのです。

# 37

# 「ビフォー&アフター」「自社&他社」——「対比」で強調する法

## どんな絵も「隣に下手な絵を置く」とうまく見える

「伝えたいこと」を伝える、最も簡単な方法をお伝えしましょう。

伝えたいモノの隣に、それとは違うモノを置き、「**対比させる**」こと。

リンゴの説明をしたいなら、隣にミカンを置いて比べながら説明します。うまい絵について説明したいなら、隣に下手な絵を置いて比べながら説明するのです。

これは提案内容を説明するときにも当てはまります。一発ＯＫが出る資料をつくる人はわかりやすい説明をするために、この「対比」を上手に使います。

対比の方法は主に次の2つがあります。

①「ビフォー対アフター」という時間軸で対比させる。

### ②「自分対相手」という立場の違いで対比させる。

たとえば、営業部門に対して「問題解決スキルの研修」を提案するとします。普通は、研修の目的を「これからは顧客の問題を解決する営業力が必要になるため」と説明するでしょう。

ところが、これは「アフター」のみの文章なのです。

これを、「ビフォー対アフター」の対比にするとどうなるでしょう?

「これまでは日本製品の品質で勝負できたが、これからは顧客の問題を解決する営業力が必要になるため」

いかがでしょうか? ビフォー「品質勝負」対、アフター「問題解決力勝負」と**対比させることで説明にメリハリがつく**わけです。

数字の説明をする場合も「ビフォー対アフター」で伝えるとイメージがしやすくなります。

## 比べると「違い」がわかる!

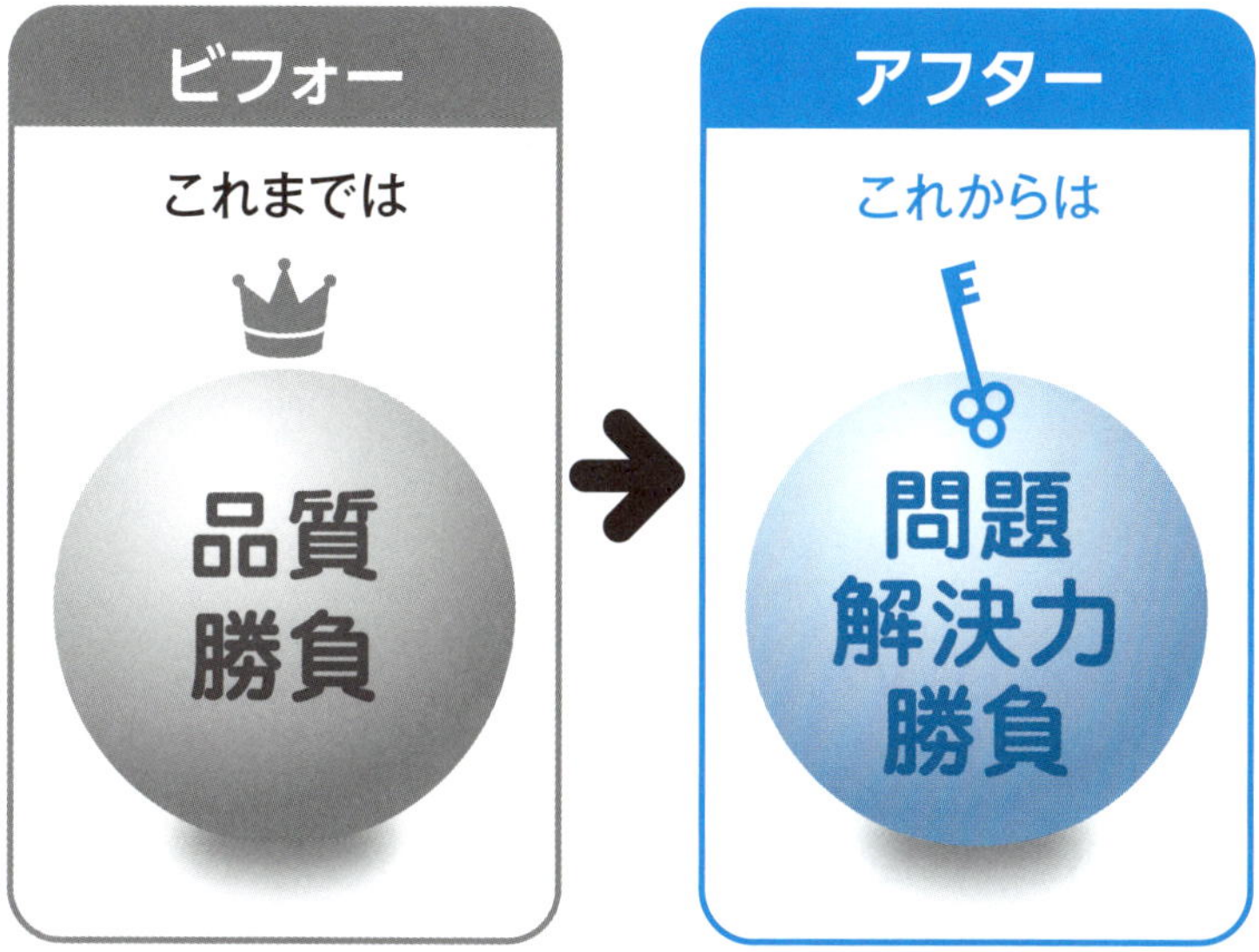
ビフォー
これまでは
品質勝負
アフター
これからは
問題解決力勝負

「（アフターのみ）問題解決型の提案による受注金額は平均８７０万円となっている」

「（ビフォー）物品販売型の受注金額は平均３８０万円なのに対して、（アフター）問題解決型の提案による受注金額は平均８７０万円となっている」

元々の数字を知ることで、「変化」を実感できるわけです。

では、「自分対相手」の対比はどうでしょう?

この場合、一般的なのは「競合」との対比です。比べるものがない場合、たいてい「当社の営業部門は問題解決力で差別化を進めるべきだ」となります。

これを、競合と対比させると、次のようになります。

「競合の鈴木商会の営業は値引き攻勢で勝負してくる。対して、当社の営業は問題解決力で差別化を進めるべきだ」

「（自分）問題解決力による差別化」対「（相手）値引きによる差別化」の構図になります。競合と比べる以外の方法では、立場の違う相手と対比させることもできます。

いかがでしょうか？

提案とはそもそも、**「以前とどこが変わるのか？」「ほかとどこが違うのか？」**を説明するために行なうものです。つまり、「以前はどうだった」「ほかはどうだった」をしっかりと定義することで、資料がグッとわかりやすくなるわけです。

だからこそ、「ビフォー対アフター」という時間軸で対比させる。「自分対相手」という立場の違いで対比させる――この2つの「対比」のテクニックは有効なのです。

## 「あなたの提案が通る」対比のテクニック

### 「ビフォー対アフター」時間軸の対比

ビフォー

物品販売型の
受注金額
平均380万円

対比

アフター

問題解決型の
受注金額
平均870万円

我が社は
問題解決型の
受注を増やすぞ!

決裁者

**「以前とどこが違うか」が重要**

### 「自分対相手」立場の違いの対比

自分の会社

問題解決力を
高めた営業

対比

競合他社

値引き攻勢
による営業

なるほど! 差別化を
図っているな

決裁者

**「ほかとどこが違うか」が重要**

# 38

# 「専門用語」「IT用語」はカッコ内に意味を書くと好印象！

## 自部門の「専門用語」、他部門で意外に通じない

**難しい言葉は極力使わない**――資料作成の基本の1つです。

ただ、そうは言っても、ITツールを使うことが日常化し、ビジネスがグローバル化しているので、難しいカタカナ用語や専門用語が増えてくるのはしかたのないことです。

20年前は、「コミュニケーション」という表現すら使っていませんでしたが（当時は「会話」や「打ち合わせ」と言っていました）、今や「コミュニケーション」という言葉をほかの日本語で当てはめるのは困難なほどです。

ただ、提案書でカタカナ用語や専門用語を必要以上に使うと、読み手にとってストレスになります。

## できない人は「専門用語を裸で使う」

「このスキームのスコープだけではビジネスはスケールしない」と書かれてあっても、ピンと来ない人は多いのではないでしょうか。これは「この計画の範囲だけではビジネスは拡大しない」と言えば十分です。

注意したいのは、自部門で通じた言葉が**他部門にも通じるとは限らない**ということ。

たとえば、情報システム部の人であれば「アカウント」「ストレージ」といった言葉を日常的に使っているでしょう。同様に、経営企画部の人であれば「イシュー」「コミットメント」、開発部の人であれば「プロトタイプ」「アーキテクチャ」

といった言葉は日常語かもしれません。しかし、それらの言葉は、専門家でしか通じない可能性が高いのです。

また、アルファベットの略語にも注意が必要です。

たとえば、総務部の資料に、「今後は、ＰＭスキルを持った人材が必要」と書いてあった場合。「ＰＭスキル」が「プロジェクトマネジメント（Project Management）」と思っていたら、「プロパティマネジメント（不動産管理・Property Management）」だったといったこともあります。

同様に、人事部の資料に、「ＥＳで何を確認するべきか」と書いてあった場合。「ＥＳ」が「従業員満足（Employee Satisfaction）」だと思っていたら、「新卒採用のエントリーシート（Entry Sheet）」のことだったということも珍しくはありません。

資料をつくる目的は、難解なビジネス用語、プロっぽい言い回しを使って自己アピールすることではなく、あくまでも提案の承認をもらうことです。

決裁者の多くは、資料の中に自分が知らない言葉があっても、いちいち意味を聞いたりはしません。「聞くと恥をかくかもしれないな」と考えるからです。しかも、知らない言葉があると、そこで一瞬、思考が停止します。

## できる人は「専門用語にカッコをつける」

### 注意したい言葉

#### ① 略語

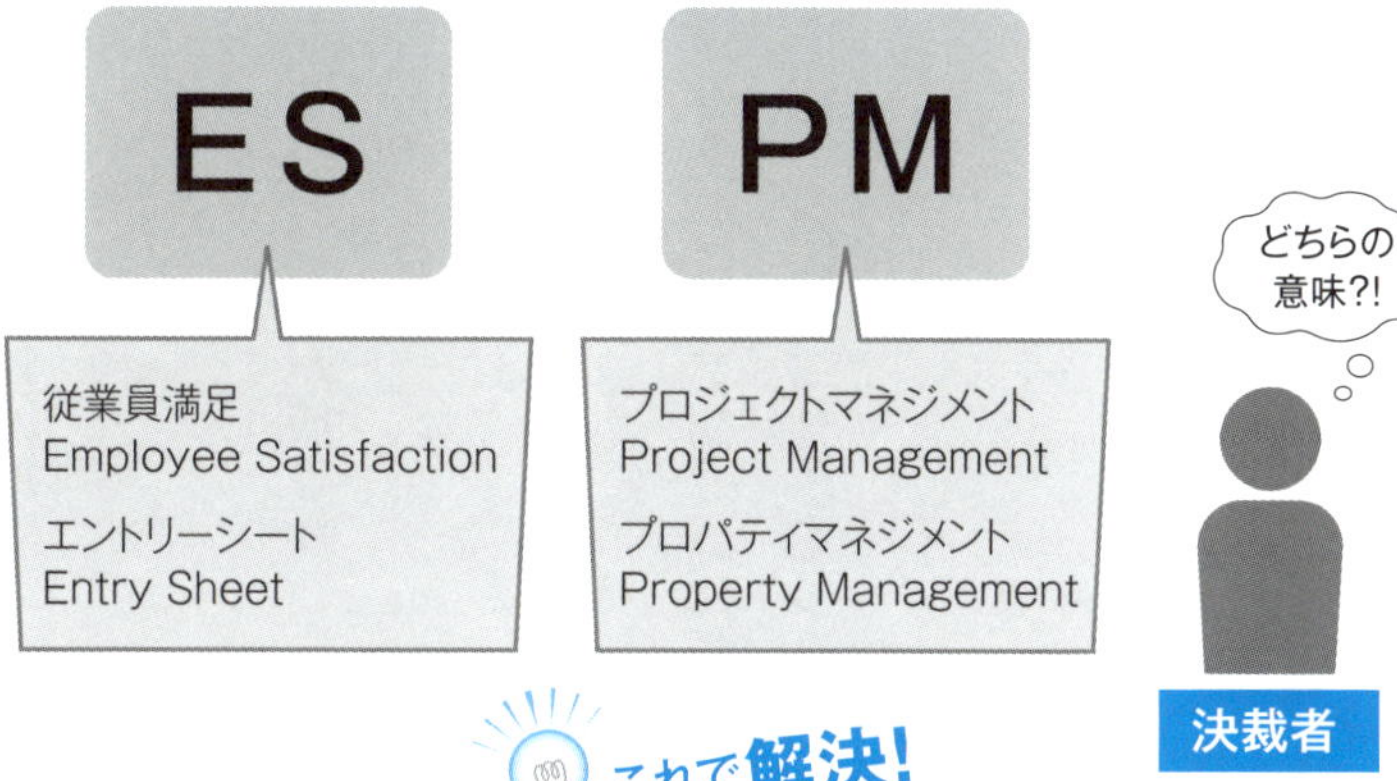


これで**解決!**

**「プロジェクトマネジメント（以降PMと表記）」**

#### ② カタカナ用語

これで**解決!**

**「コンプライアンス（法令遵守）のレベルを～」**

それだけで資料の理解スピード、さらには資料に対する関心そのものが落ちるということを認識すべきです。

意味が通じるか通じないか、微妙なカタカナ用語を使う場合は、初出のところでカッコ書きで解説するのがいいでしょう。「コンプライアンス（法令遵守）のレベルを見直す」と書けばいいのです。

略語を使うときも、同様です。初出のところで「オフィス移転のプロジェクトマネジメント（以降ＰＭと表記）は……」と説明しておけば十分でしょう。

会議の資料は、仕事をしたことがない学生でもわかるくらい簡単な言葉を使うべきなのです。

5
章

# 「図解・表・グラフ」で相手を本気にさせる!

「4つの図」と「3つのグラフ」で意外な差がつく!

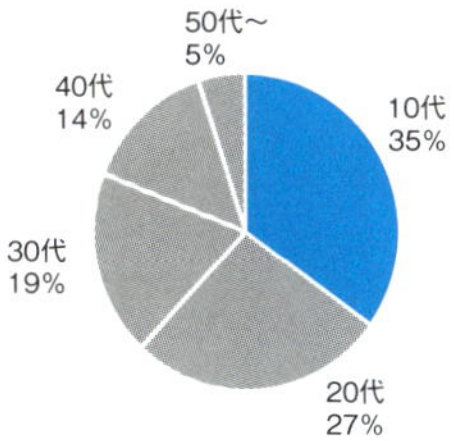


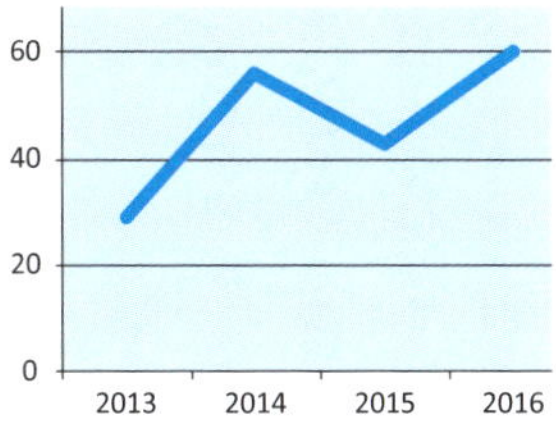

# 39 左上から右下へ――「読み手の目線の流れ」に合わせる

## 情報が横長の場合は「Z型」、縦長の場合は「逆N型」

いい資料というのは、基本的に**「伝えたいこと」が目立っている**ものです。

極端な話、ひと目見ただけで、その資料の「伝えたいこと」がわかる――。

だから、わかりやすい――。

「伝えたいこと」がしっかり書かれてあっても、目立っていないと、わかりにくいだけでなく、誤解を生むことさえあります。では「伝えたいこと」を目立たせるには、どうすればいいでしょうか？　簡単です。次の2点を意識するだけでいいのです。

①「読み手の目線の流れ」を計算に入れること。
②図を使い、ポイントが一瞬で理解できるようにすること。

## まず決裁者の「目線の動き」を知ろう

### 読み手の目線はこう動く!

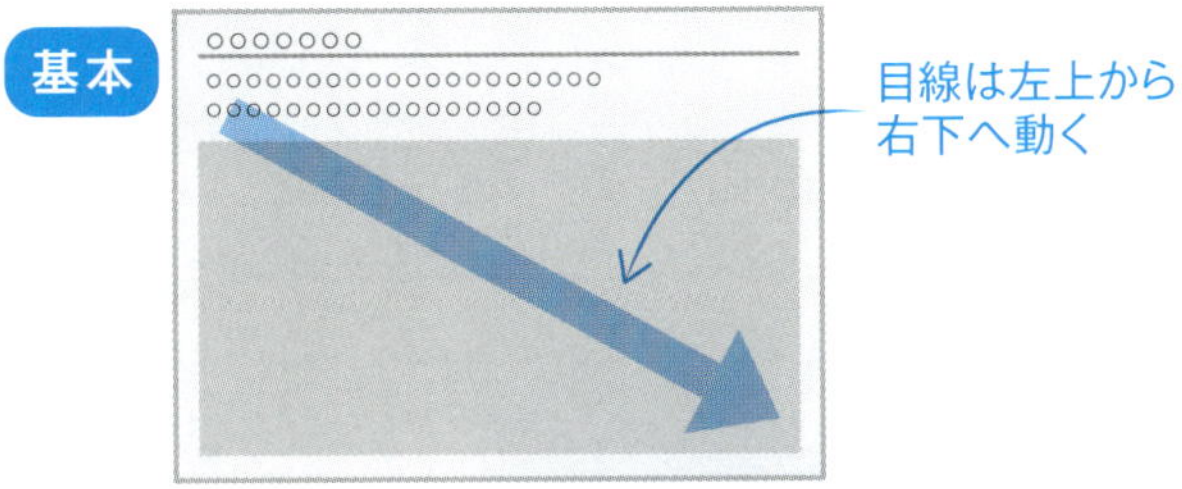


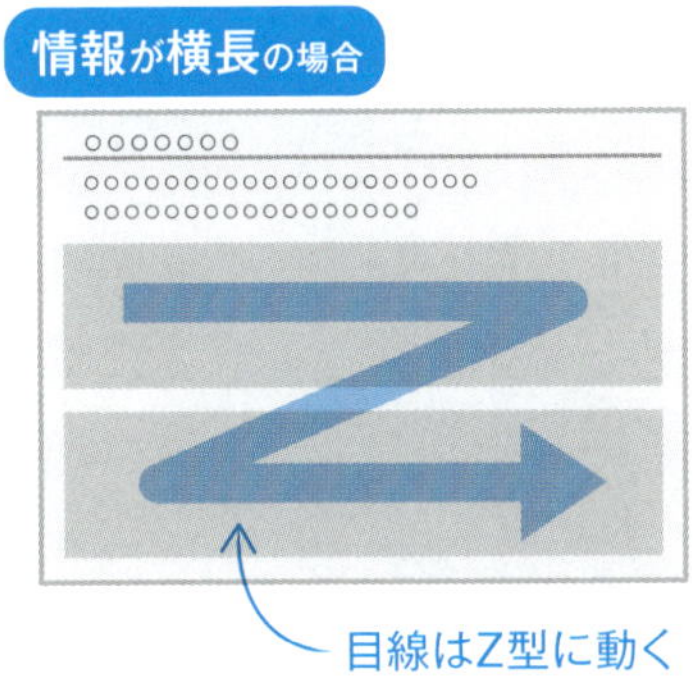


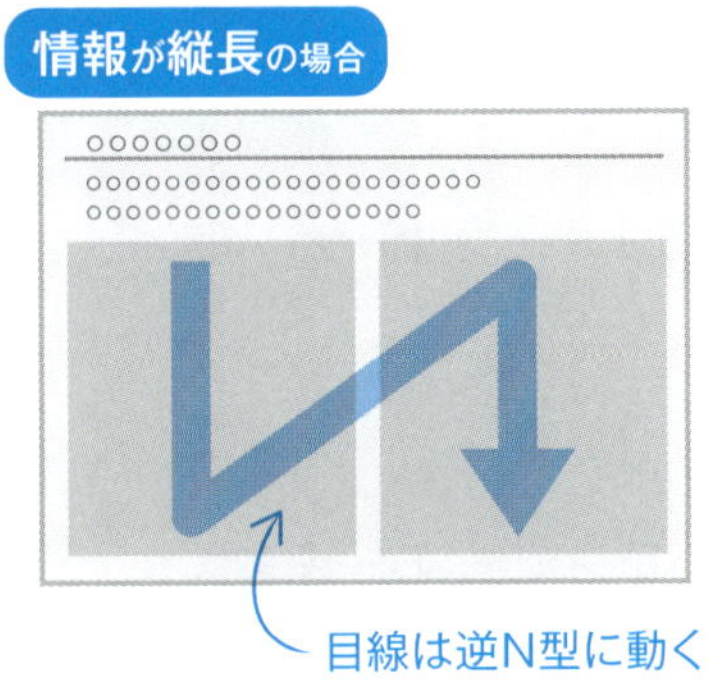


### 「説明する順番」と「目線が追う文字の順番」を一致させよう

**グローバル化**と**規制緩和**が
**価格破壊**を引き起こしている

↓ と言いたいなら

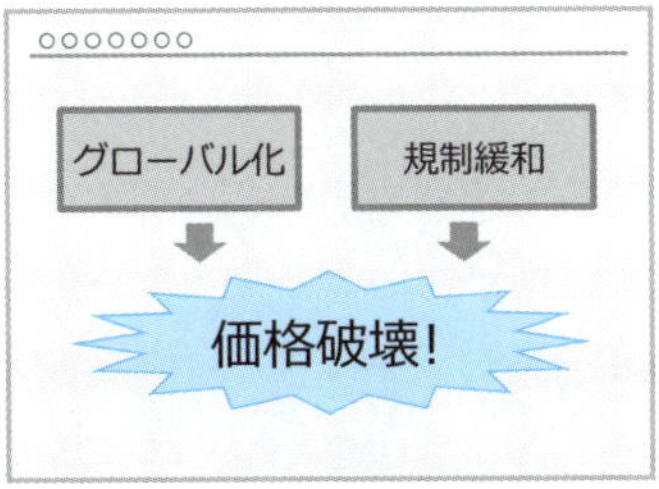


**価格破壊**を引き起こしている原因は、
**グローバル化**と**規制緩和**だ

↓ と言いたいなら

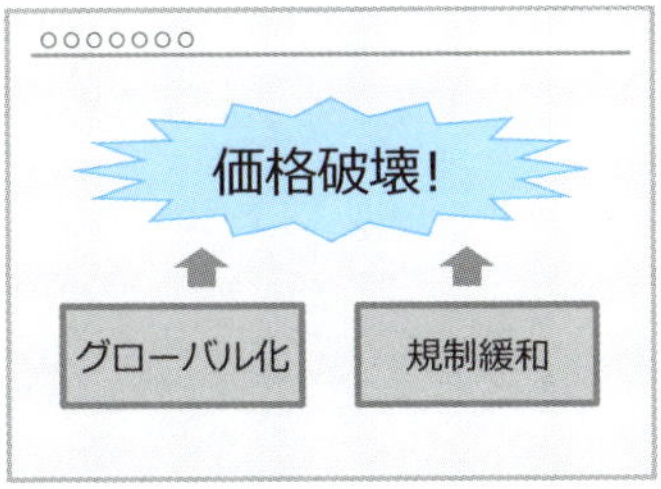

資料を読むときは、読み手の**目線は左上から、右下へ**と進みます。これが基本です。そして図は、「説明する順番」と「目線が追う文字の順番」が完全に一致するように作成します。

たとえば、「グローバル化と規制緩和が価格破壊を引き起こしている」ことと伝えたいのであれば、「グローバル化」→「規制緩和」→「価格破壊」の順番に文字が目に飛び込んでくる図にします。「価格破壊を引き起こしている原因は、グローバル化と規制緩和です」と言いたいのであれば、「価格破壊」→「グローバル化」→「規制緩和」の順番で文字が目に飛び込んでくるような図になります。

資料の読み手は必ず**話している言葉と同じ文字**を紙面上から探そうとします。このマッチングがスムーズなほど、ストレスなく情報が理解できるのです。

資料にいくつかの情報を配置するときは、情報が**横長の場合は「Z型」**、**縦長の場合は「逆N型」**に置くと読みやすくなります。

# 40 「囲む→配置する→つなぐ」で、すべて簡単に図解できる！

## 読み手の潜在意識を「図解で刺激する」法

資料に図を使うそもそもの目的とは、何でしょうか？

このあたりの基本をわかっていないと、いい資料はなかなかつくれないものです。

で、結論から言うと、資料に図を使うそもそもの目的は、ズバリ、**相手にポイントを一瞬で理解させる**こと。

では、ポイントが一瞬で理解できる図をつくるには、どうすればいいか？

資料づくりが下手な人に限って、自分は絵心がないから図もうまくつくれないと考えがちです。

ところが、図は**絵心があるかないかとはまったく関係がない**のです。

図というのは、次のたった3つのステップで描くものです。

①キーワードを囲む。
②配置する。
③つなぐ。

たったこれだけ。

これだけでほとんどの図ができてしまうのです。

たとえば、「資料の構成はまず問題点の特定をし、次に解決策の提案をすることだ」という内容を図にしてみましょう。

まず、「資料の構成」というキーワードを紙の左上に置き、四角で囲みます。キーワードを円や四角で囲むだけで、資料を見る人はそれを図と認識するのです。

次に、読み手の目線の流れを意識して、キーワードを配置します。

「資料の構成」の次に見てほしいキーワードは「問題点の特定」、次が「解決策の提案」。ですから「資料の構成」のやや下に、「問題点の特定」を置き、その右隣に「解決策の提案」を置きます。この2つのキーワードは円で囲みます。これで、読み手は

## ポイントが一瞬でわかる図解・簡単なコツ

### 「図をつくる」3ステップ

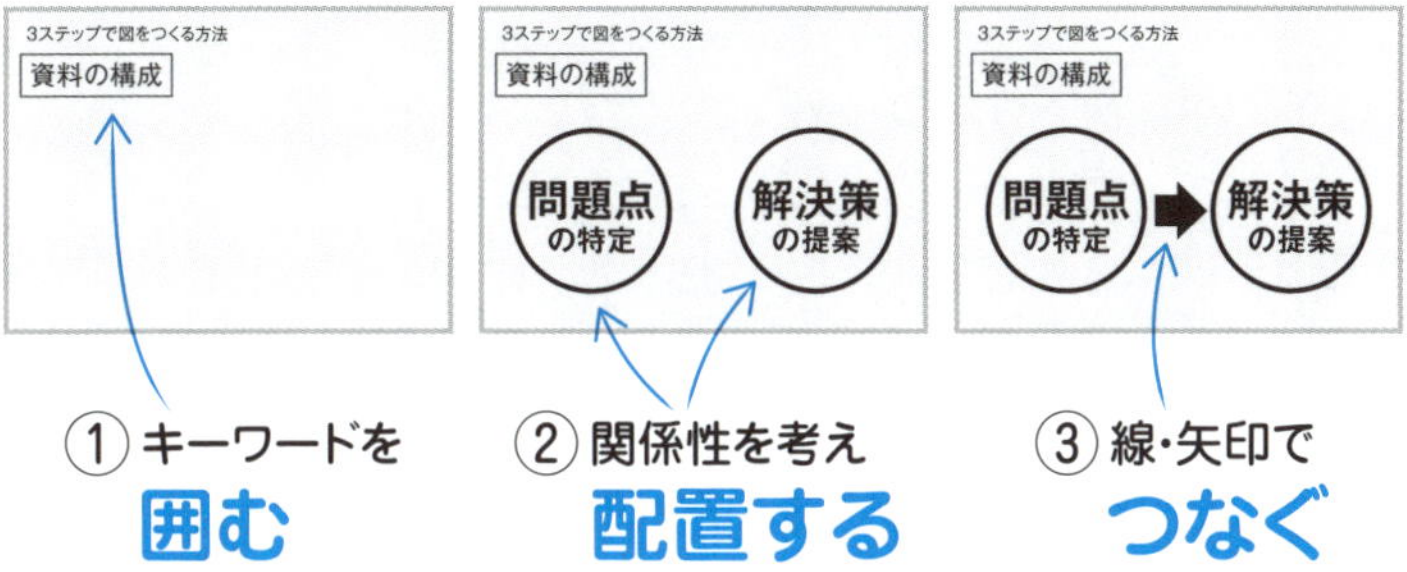


### 「キーワードの配置」はこうすればわかりやすい!

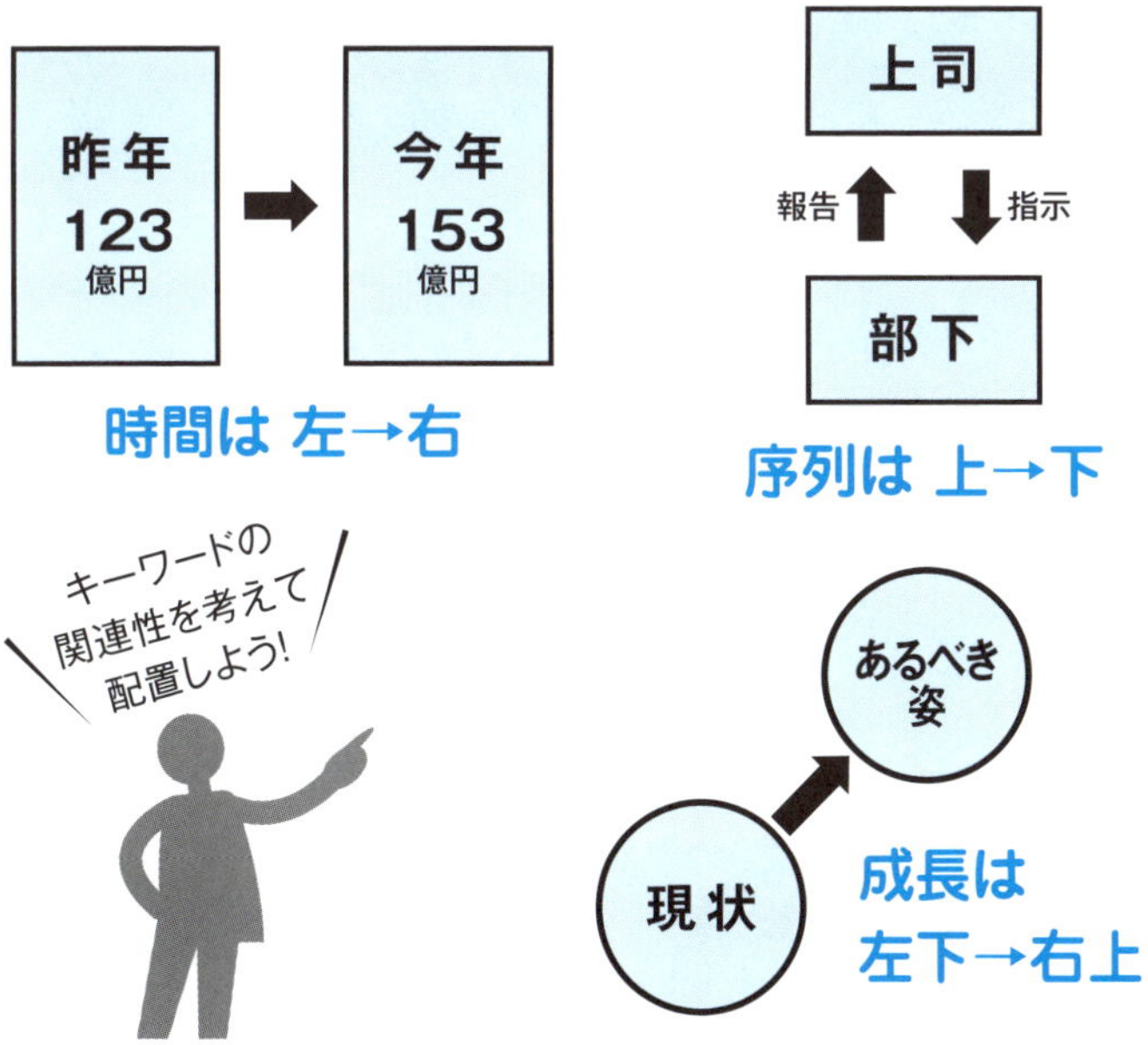

3つのキーワードを順番通りに目にするでしょう。

最後に「問題点の特定」と「解決策の提案」の流れを示すために、矢印でつなぎます。以上で図は完成です。

注意する点は、キーワードの配置のしかた。

キーワードが**時間の流れ**を表わすのであれば**左から右**へ。たとえば「昨年」は左、「今年」は右に配置します。キーワードが**序列**を表わすのであれば**上から下**へ。たとえば「上司」は上に、「部下」は下に配置します。キーワードが**成長**を表わすのであれば**左下から右上**へ。たとえば「現状」は左下に、「あるべき姿」は右上に配置します。

資料の読み手は複数の情報を見るとき、まずはその情報どうしの関係性――時間・序列・成長など――を理解しようとします。つまり、はじめから図で情報どうしの関係性を示してあげたほうが、読み手の頭にストレートに意図が伝わるわけです。

次項から資料によく使う4つの図の描き方について説明していきましょう。

ベン図、ツリー図、プロセス図、マトリックス図――この4つが図の基本です。

この4つをどのように使うのかを理解すれば、その組み合わせでほぼすべての図がつくれます。そして、資料づくりもかなりのスピードアップができることでしょう。

## 「4つの図」で意外な差がつく!

**ベン図**

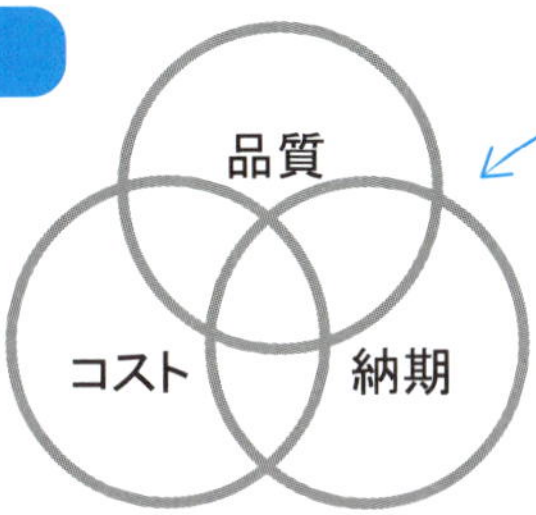


情報と情報の位置関係を表わすのに便利

**ツリー図**

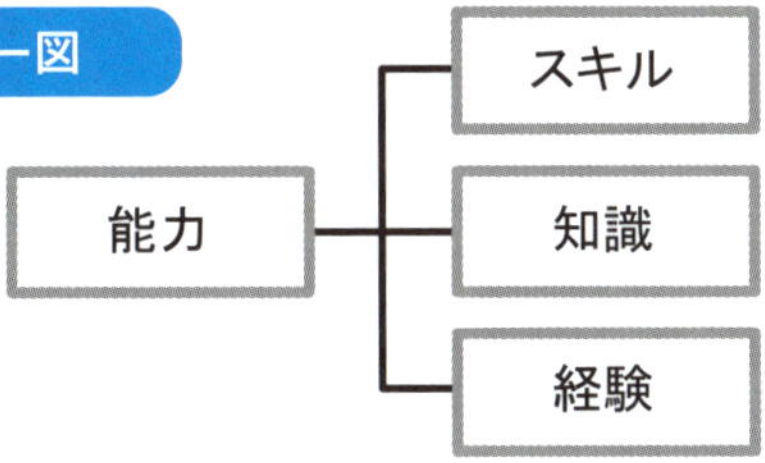


複雑な構造を分解して簡潔に表わすのに便利

**プロセス図**

作業の流れを表わすのに便利

**マトリックス図**

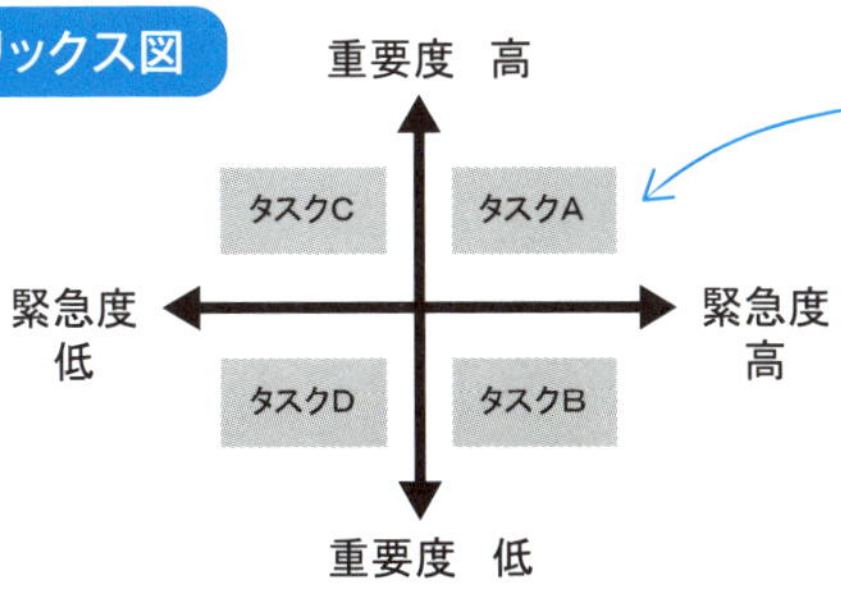


選択肢の優劣を一瞬で表わすのに便利

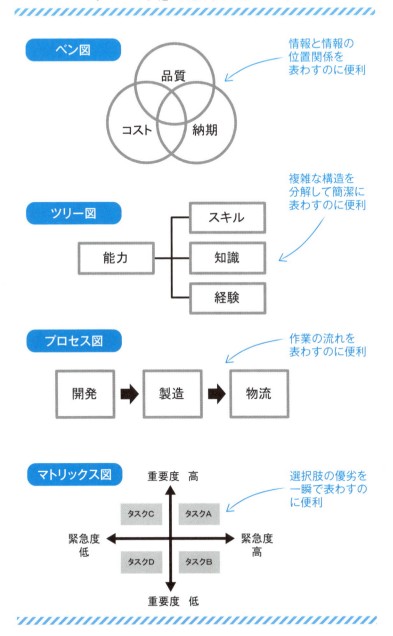

# 41 「情報どうしの関係」を図解するなら「ベン図」が最強！

## たとえば「2つの客層の関係」を説明する場合

「伝えたいこと」を目立たせるコツ――。

そのコツの1つが、前項でも紹介した情報どうしの関係性を目立たせること。

**情報と情報の位置関係を表現するのに便利**なのが、**「ベン図」**です。

ベン図は、どの層をターゲットにしているのか、その層はほかの層とどこが違うのか――を説明するのに適しています。つくり方は簡単。「伝えたいこと」をそれぞれ円で囲み、円の大きさ、配置、重なり具合によって関係性を示すのです。

たとえば、「今回のターゲットは、男性の中でもオシャレにこだわりのある人」ということを伝えたいとします。このようなときは、「男性」というキーワードの囲みの中に「オシャレにこだわりのある人」というキーワードの円を入れる。これだけで

## ベン図――「2つのキーワードの関係」がわかる!

### 「今回のターゲットは、休日にスポーツをして、オシャレにこだわりのある男性」を表わす場合――

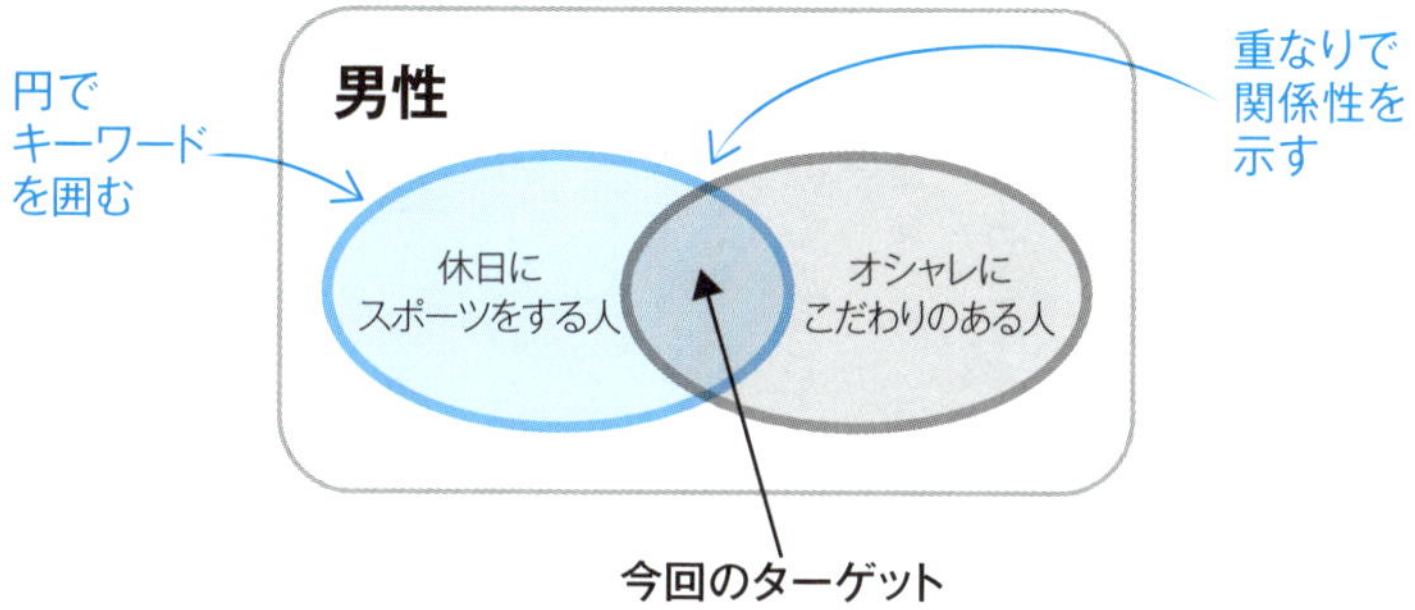


### 「上司が与えている仕事と本人のやりたい仕事がズレている。その重なりを増やすことが大切」を表わす場合――

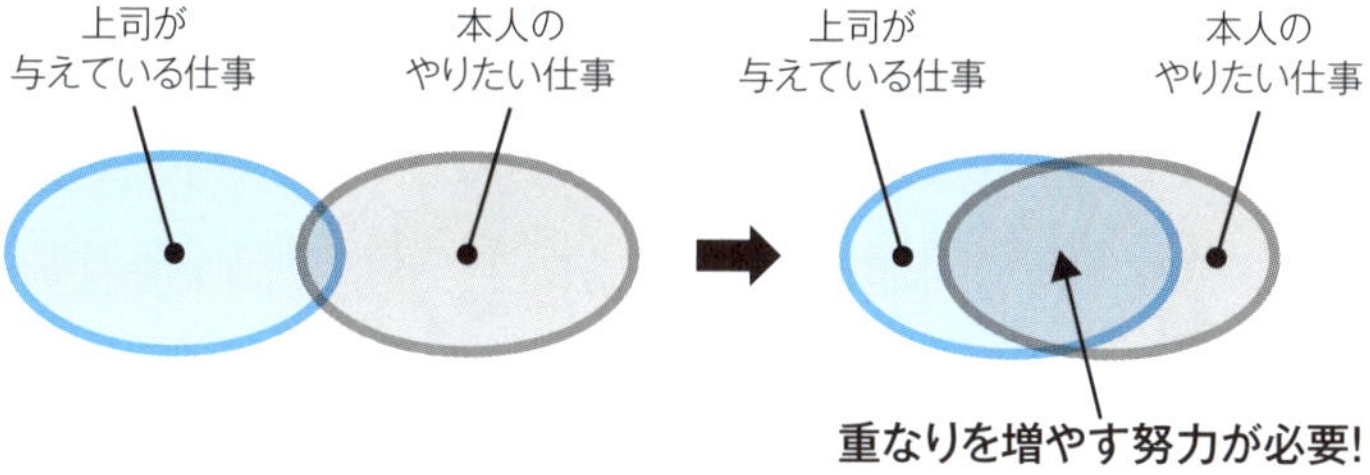


## キーワードが3つの場合でも有効!

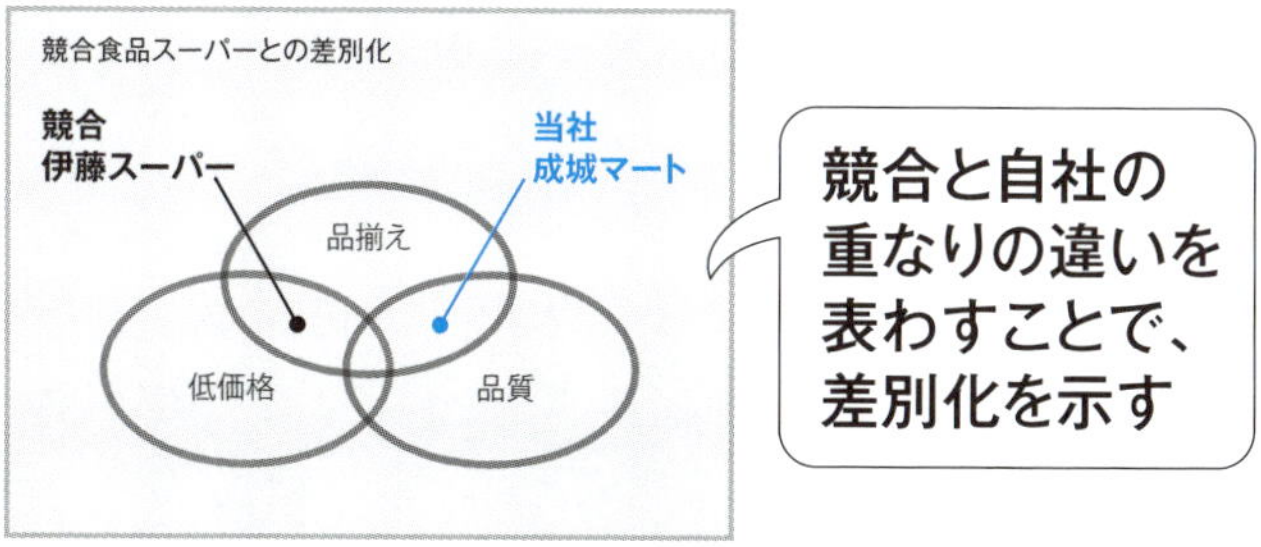

読み手は一瞬で内容を理解します。

「今回のターゲットは、休日にスポーツをする人、かつオシャレにこだわりのある人」の場合はどうでしょう？　「休日にスポーツをする人」「オシャレにこだわりのある人」という言葉を円で1／3くらい重なるように表示し、その重なっている部分に矢印を向けて「今回のターゲット」と書けばいいわけです。

ベン図のコツは、**重なっている部分が何を表わしているのかを強調**すること。

たとえば、「上司が与えている仕事と本人のやりたい仕事が大きくズレていると意欲的に働くのは難しくなる。まったく同じにならないにしても、その重なりを増やしていくことが大切だ」という流れを示す場合——。

まず、「上司が与えている仕事」と「本人のやりたい仕事」の円の重なりを少なくしておき、次に、その2つの重なりを増やす図を示せばいいわけです。

キーワードが3つの場合も、ベン図は有効。

「競合の伊藤スーパー社は『低価格』と『品揃え』が特徴。当社（成城マート）はあえて『低価格』勝負を捨てて『品質』と『品揃え』で勝負する」を伝える場合は、競合と自社の重なりの違いを表現することで差別化を表わします。

# 42 「仕事のしくみ」を図解するなら「ツリー図」が最強！

## たとえば「問題点と原因」を説明する場合

仕事上の問題は、ほとんどの場合、複雑な構造をしています。社内には、大きな問題と小さな問題が複雑に入り混じっているからです。**複雑な構造を分解**し、**ひと目で表わしたいときに便利**なのが、「**ツリー図**」。

ツリー図とは、ある要素を詳細に分けていく図です。

たとえば、「人間」という要素を「男」と「女」と分ける。「学校」という要素を「小学校」「中学校」「高等学校」「大学」と分ける。このような使い方をします。

基本的には、分けた要素は、モレやダブリがないように表わしていきます。ただ、完全にモレをなくすのは難しいので、「その他」という項目を入れて説明上あまり必要のない部分を省略することもあります。たとえば、一般的な「学校」教育の問題点を表わす場合、「専門学校」や「養護学校」などは「その他」としてもいいでしょう。要素を分ける方法は1つとは限りません。

たとえば、営業部門で顧客ごとの販売戦略を立てるような場合——。

「顧客」という要素をどう分けるかを考えてみると、「新規顧客」と「既存顧客」という分け方があります。「新規顧客」と「既存顧客」とでは、販売戦略の立て方が違ってきます。

また、別の分け方として「東京」「大阪」「その他（地方）」といった立地にもとづく分け方も考えられます。営業の人員配置などを考えるならば、立地にもとづく分け方が有効です。

ツリー図は、**問題点の特定**や、**原因の究明**を表わすときに威力を発揮します。前述したように、仕事上の問題は複雑でわかりにくいからです。

あるアパレル会社の販売促進部担当者を例に考えてみましょう。

その会社は店舗売上が下がっていました。販売促進部担当者は問題をいろいろと調べました。担当者は、問題を2つに整理し「商品のバリエーション」と「店舗」に問題があると提案しました。ところが、会議参加者からは、「本当にそれだけなのか？

## ツリー図──「問題の本当の原因」がわかる!

### 売上低下の原因を究明する場合──

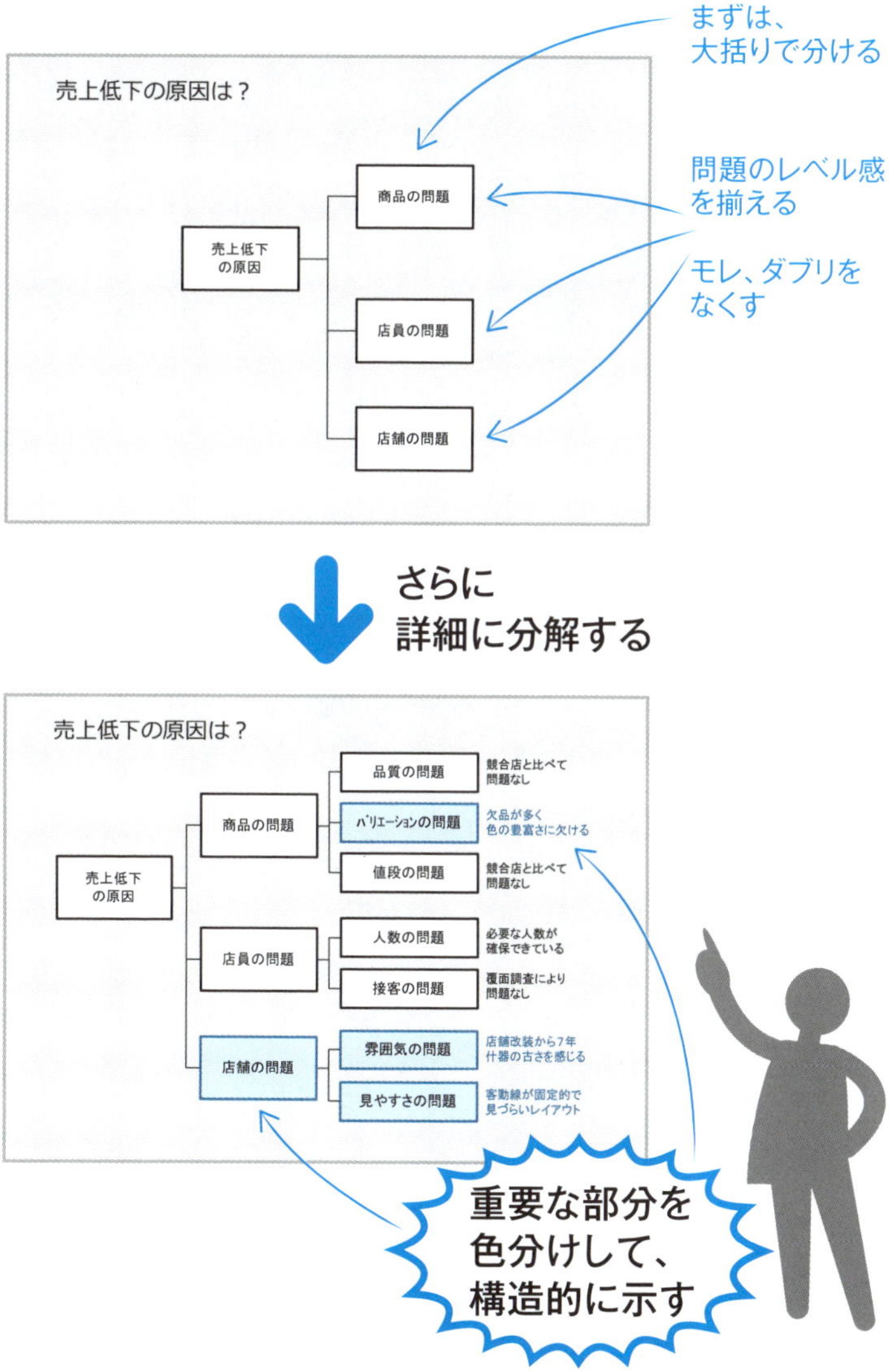

しかも『商品のバリエーションの問題』と『店舗の問題』ってレベル感が揃っていない」といった指摘をされました。

このようなときこそツリー図が有効なのです。ツリー図であれば、モレやダブリなく、しかも問題の大きさを揃えた形で説明ができるからです。

店舗の売上が下がっている問題点の特定をする際、**まずは大括《おおぐく》りで分ける**ことが大切。

たとえば、「商品の問題」「店員の問題」「店舗の問題」という分け方です。

こうすれば、問題をとらえる大きさは揃います。

次にそれぞれをさらに分けていきます。

「商品」は「品質の問題」「バリエーションの問題」「値段の問題」。「店員」は「人数の問題」「接客の問題」。「店舗」は「雰囲気の問題」「商品の見やすさの問題」といった具合です。

こうすれば、問題の大きさやレベル感といった基準を統一できます。さらには、それと同時に、問題の構造がひと目でわかる図にすることができるようになるわけです。

# 43

# 「仕事の流れ」を図解するなら「プロセス図」が最強！

## たとえば「作業の内容・手順」を説明する場合

仕事とは、細かい作業の連続——。

そのため、問題点の特定をするときも、解決策の提案をするときも、1つひとつの作業がどのような順番に並んでいるのかを示すことが重要です。

そのような**作業の流れを示すのに便利**なのが、「**プロセス図**」。たとえば、プロセス図は1つひとつの作業を四角で囲み、順番に並べて矢印でつないでつくります。

組み立て式の家具をつくっているメーカーを例に考えてみましょう。

そのメーカーでは、納品した家具にキズがあるとのクレームが、最近、多数報告されるようになりました。このような場合、なぜ家具にキズができるのか——まずは問題点の特定をする必要があります。

一発OKの基本
構成のコツ
説得力のコツ
文章のコツ
図解のコツ
デザインのコツ

この場合、問題点を特定するためには、どの作業手順でキズができるのかを特定する必要があります。その作業手順を把握するうえでプロセス図が有効なのです。

工場でできたキズ、配送でできたキズ、搬入時にできたキズ、組み立て時にできたキズと整理して示します。そうすれば、対応のしかたに優先順位がつけられます。注意したいのは、細かくなりすぎずに、大まかな流れがわかるように表現すること。

資料づくりが下手な人は、自分が考えた作業手順をすべて記載しようとします。たとえば、新規顧客の提案プロセスを説明するときに、左上図のように、すべての作業を均等に表記します。これでは、何を見てほしいのかわかりません。

資料では、細かい1つひとつの作業を示すより、まずは**全体としてどのような構成になっているのかを示す**ほうが大切なのです。

左下図を見てください。9個の細かい作業を3つのブロックに分けて、ホームベースを横にした形の「**矢羽**」と言われる図を使って大きな流れを示します。

矢羽は、四角と矢印を兼ね備えた形です。ポイントをわかりやすく示すと同時に、プロセスの順番を矢印で図示することもできるすぐれもの。矢羽の中にステップ1、2、3とナンバリングすることで、さらに理解しやすくなります。

## プロセス図——「作業の流れ」がわかる!

### プロセスが細かすぎると頭に入らない

9のプロセスが必要です!

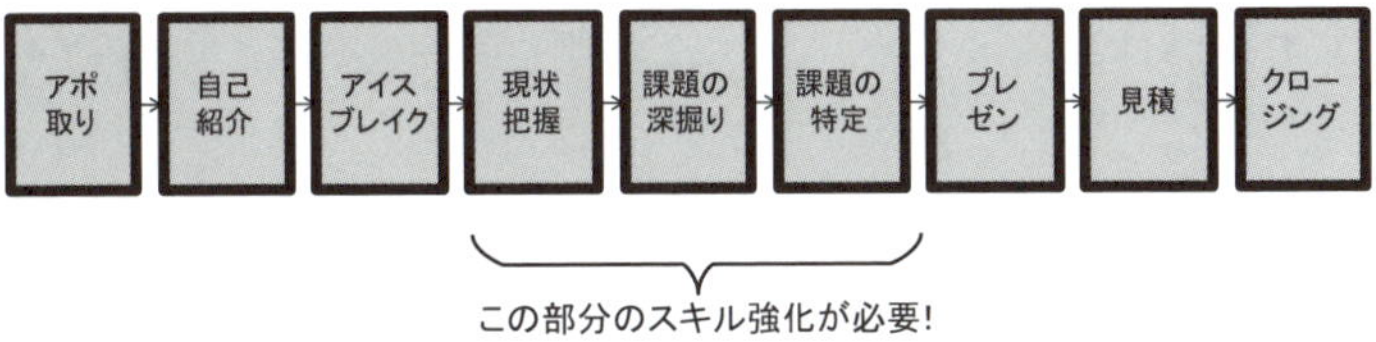


### 大括りでとらえることを意識しよう!

3ステップの2つ目が大切!

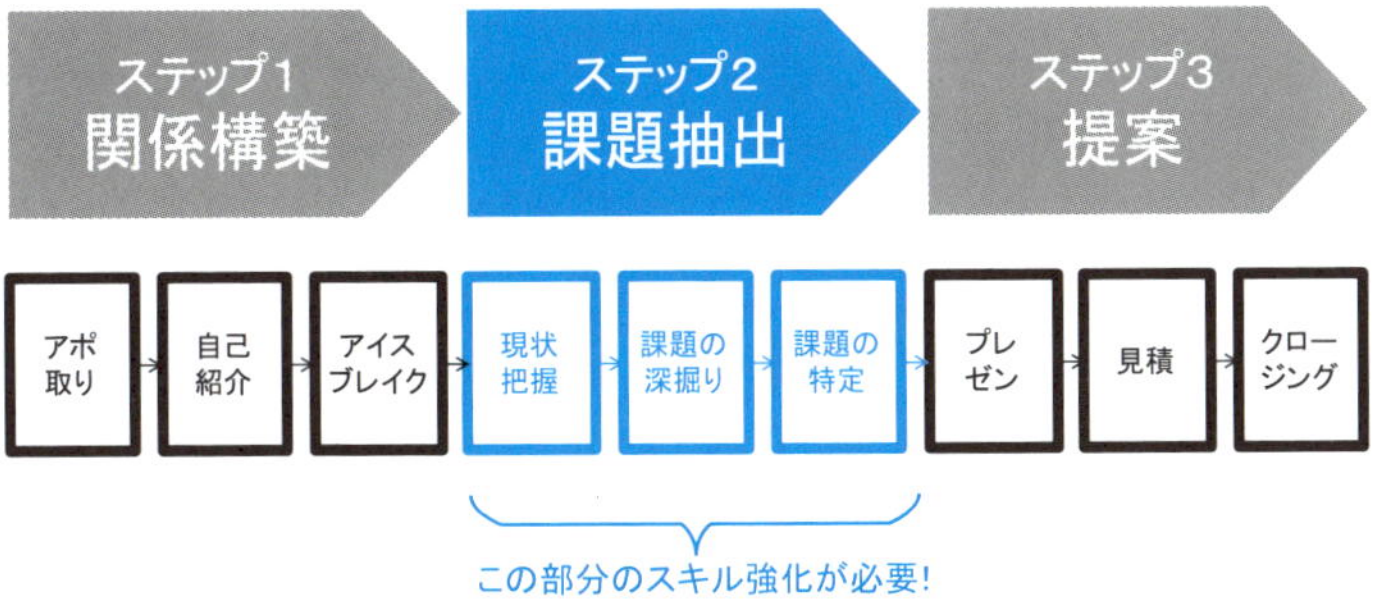

# 44
# 「選択肢の特徴」を図解するなら「マトリックス図」が最強！

## たとえば「複数の解決策」を比較する場合

複数の選択肢から1つを選ぶとき、**選択ミスを限りなくゼロにする方法**があります。それが「**マトリックス図**」です。

「マトリックス図」は、選択肢（項目）の優劣を一瞬で表わすことが可能です。ですから複数の選択肢から1つを選ぶような場合、とても便利なのです。

まずはベンチャーとして立ち上げたあるＩＴ企業を例に、考えてみましょう。

この会社は、今年で創業15年を迎え、社員数は１０００人を超えました。当初は風通しのよい社風だったのですが、気づけば部門間のコミュニケーションがうまくいかなくなっています。

人事部の担当者は、社長の指示で何か社内を活性化する取り組みを提案してほしい

## マトリックス図——「項目の優劣」がわかる!

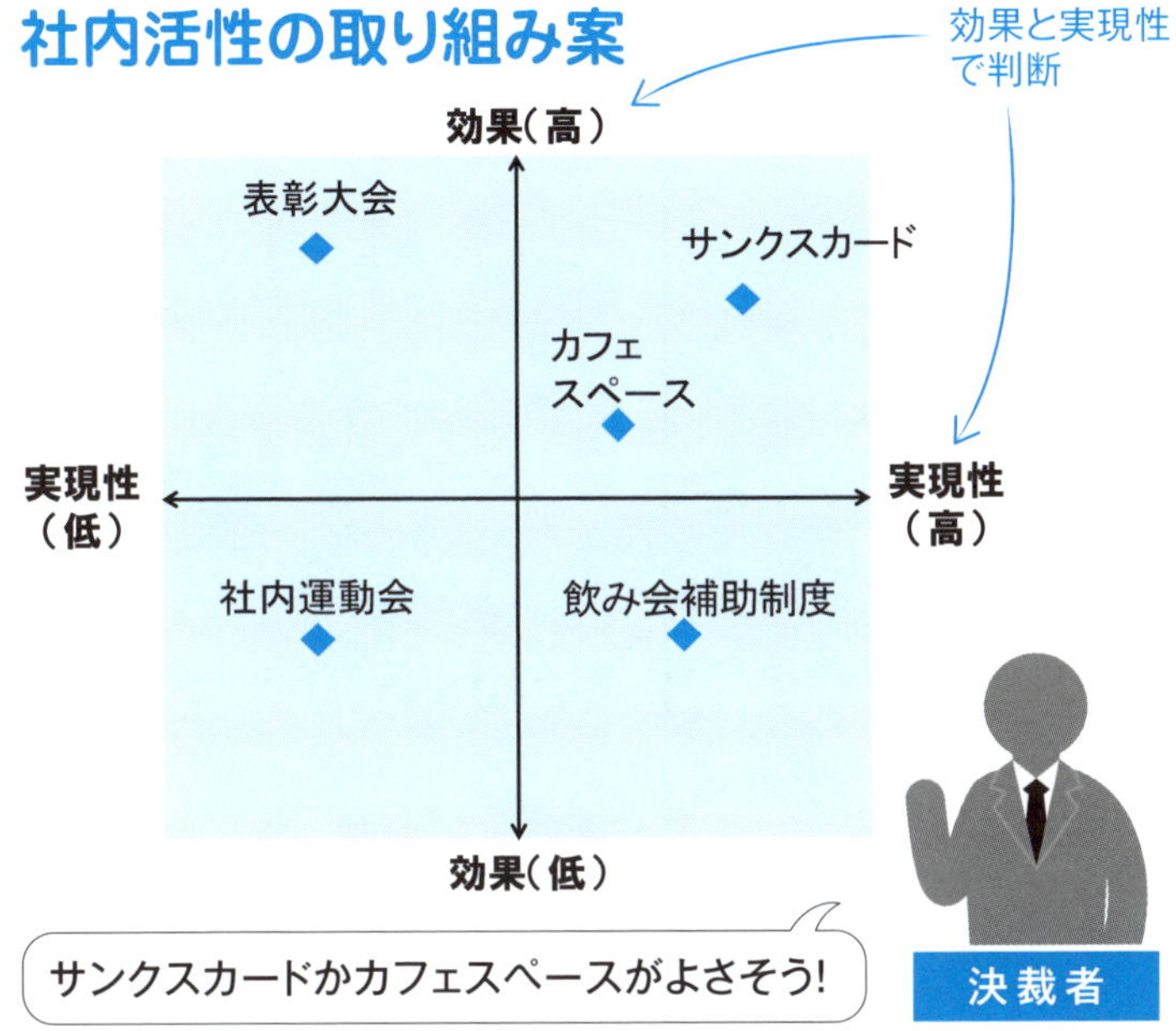


と頼まれました。他社事例をいろいろ調べてみると、最近では「社内運動会」や「飲み会に対して補助金を出す」などの取り組みもあるようです。

結果、5つの解決策の項目に絞り込みました。

①表彰大会……年1回がんばった社員を全社員の前で表彰するイベントをする。

②社内運動会……年1回社員と家族が参加する運動会で交流を深める。

③サンクスカード……月1回朝礼で感謝したい人にサンクスカードを渡す。

④カフェスペース……休憩室に無

## 「数値化できるもの」を図解するコツ

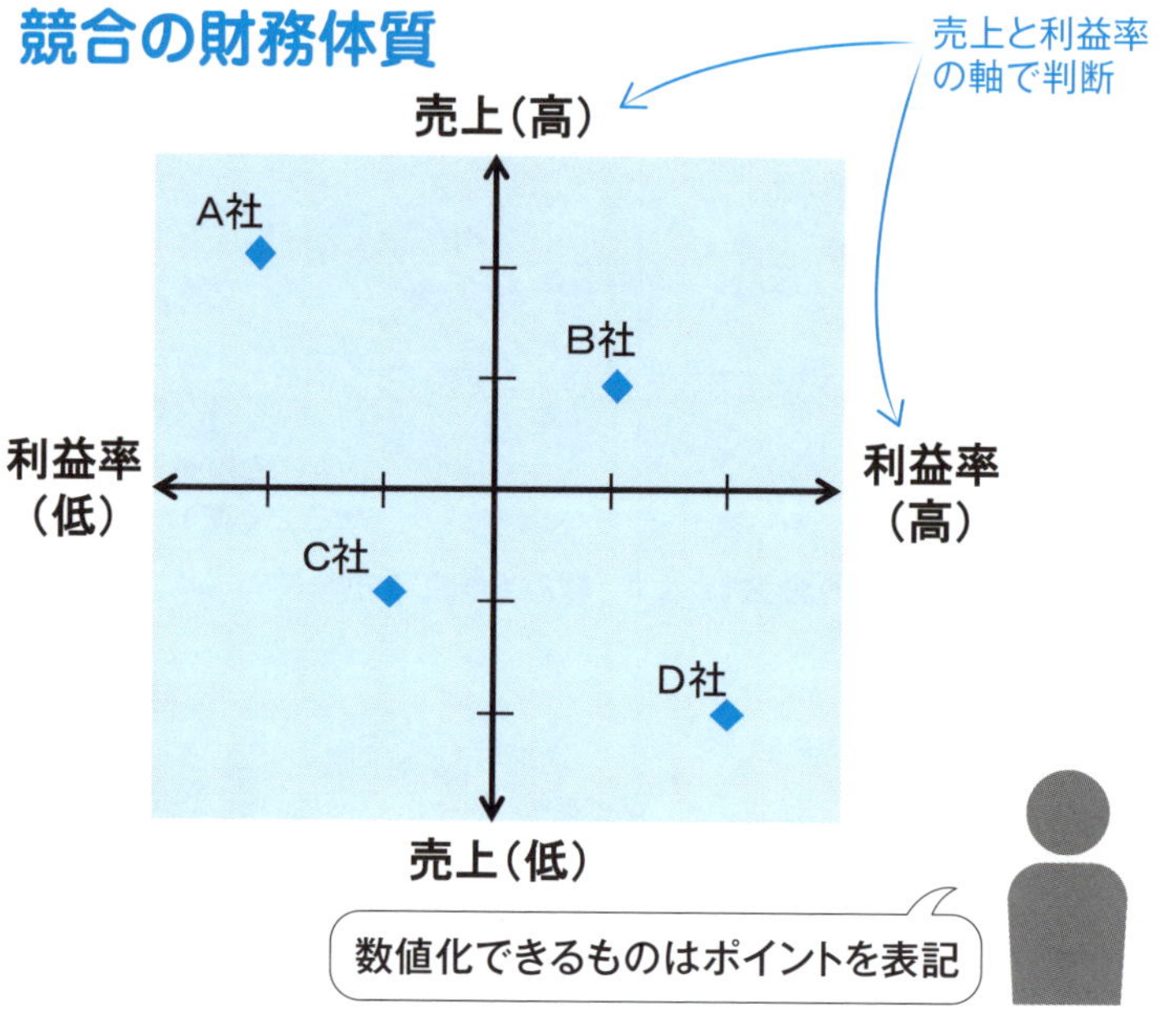


料コーヒーを設置、雑談・会話を促進する。

⑤飲み会補助制度……異なる部門メンバーの飲み会に対して補助金を出す。

この5つの項目の優劣を判断するために、マトリックス図で表わしてみます。

優劣を判断する軸は、「**効果**（部門間コミュニケーションがよくなりそうか）」と「**実現性**（予算内で実施でき、継続しやすそうか）」の2つ。

判断をするときには、複数の人に話を聞きながら5つを相対的に比べて図の中に配置していきます。結果、203ページ図のように「③サンクスカード」と「④カフェスペース」がバランスのいい解決

### 「数値化できないもの」を図解するコツ

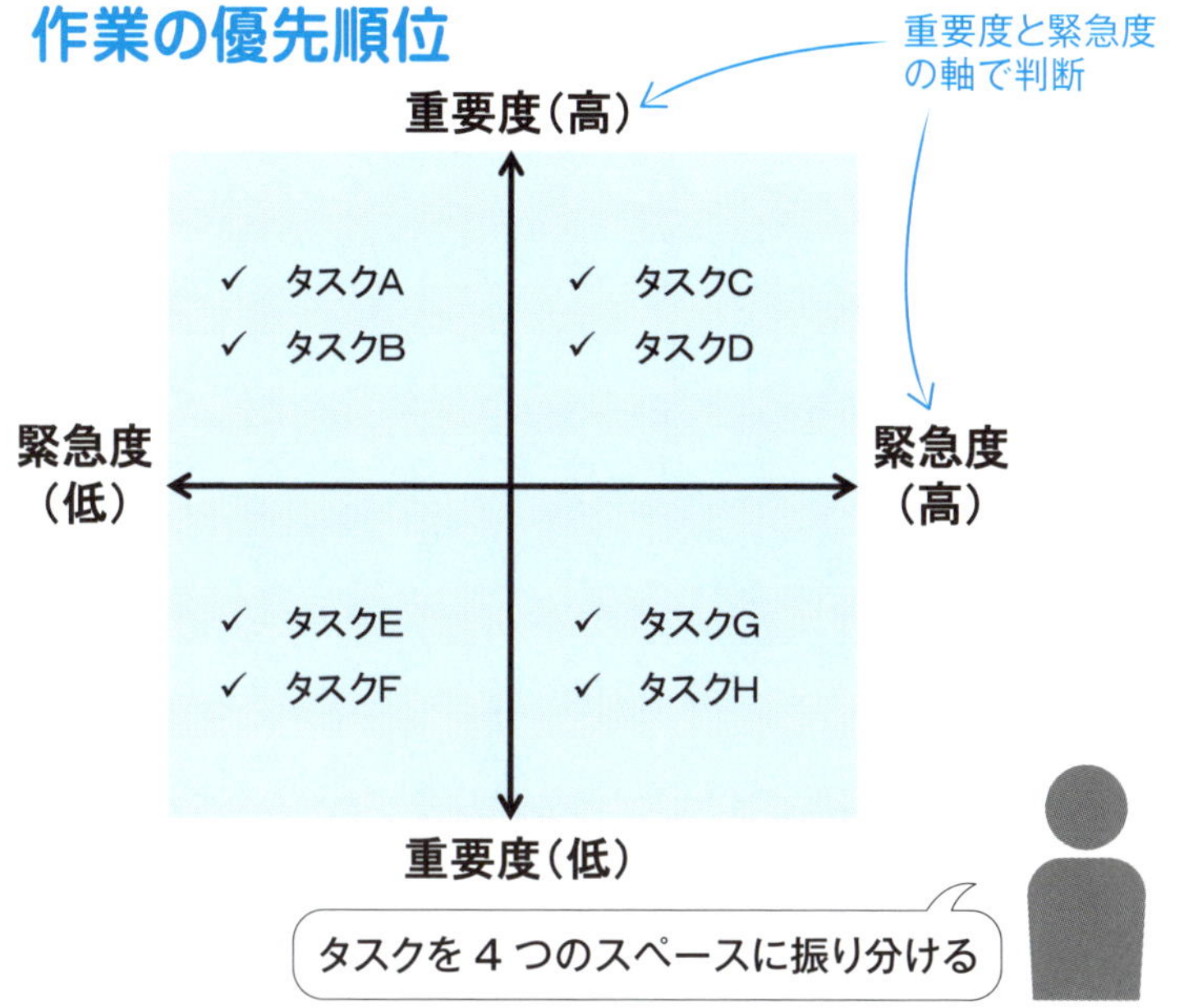


策と判断できました。

マトリックス図のよいところは、判断するための軸を2つに絞り込んで紙面に表わすので視覚的にわかりやすいことです。**1つの判断基準では見えてこない複眼的なものの見方もできる**わけです。

マトリックス図をつくるときは軸の取り方が重要です。

選択肢（項目）がバランスよく図の中でバラける必要があります。4象限の同じ場所にすべてが偏ってしまったら意味がありません。

「効果」と「実現性」以外で、よく使う軸は「**売上・利益率**」、「**重要度・緊急度**」などです。「売上・利益率」は競合との財務体質を比較するとき、「重要度・緊急度」は作業の優先順位を決めるときなどで使います。

軸の向きは、4象限のうち右上に最も望ましい項目、左下に最も望ましくない項目がくるように設定します。

マトリックス図の表記方法は、2種類あります。

1つは、判断するための軸が「数値化できる」場合。

たとえば、競合との財務体質の違いを比較する際、縦軸に「売上」、横軸に「利益率」を取ると、数値化が可能です。そこで、4象限上に目盛りをつくり、ポイントを打って表わします。

もう1つは、判断するための軸が「数値化できない」場合。

たとえば、作業の優先順位を比較する場合、それぞれの作業の優先順位を数値で表わすことはできません。そこで、縦軸に「重要度」、横軸に「緊急度」を取り、それぞれの作業が、4象限のどの部分に入るかを判断して配置していきます。

数値化できない分、重要度と緊急度という2つの基準で的確に判断することが必要です。

## 45 説得力のある「表」の共通項――「伝えたい情報」しかない！

### 表で伝えるのは「内訳・比較・変化」

いい表とダメな表の一番の違いは、どこにあるかわかりますか？

いい表というのは、**「ポイントが絞り込まれた表」**です。

悪い表は、ポイントが絞り込まれておらず「すべてが盛り込まれた表」です。表を作成した本人は、「すべてが盛り込まれた」わけですから、「これで完璧」と思うのですが、読み手からしてみれば、どこを見ればいいのかまるでわかりません。

表を作成するときは、それなりのコツがあるのです。まず「伝えたいこと」のポイントを絞り込む。そして、それ以外の**意味のない情報を削りながら表をつくる**のです。

たとえば、財務データなどの数字が盛り込まれた表をつくる場合――。

このような表では、売上、原価、売上総利益……といったように数多くのデータがあります。また、金額以外にも、原価率や営業利益率といったパーセンテージで表わすデータもあるでしょう。

それらをすべて盛り込んでしまうと、たしかに立派な表にはなりますが、シンプルでわかりやすい資料からはほど遠いものになってしまいます。

この場合、まず「何を伝えたいのか」――それを決めます。

「売上の伸び率」について伝えたいのか、「原価が高くなってきていること」を伝えたいのか。仮に「売上は伸びているが営業利益率は低下している」というメッセージを伝えたいのであれば、「売上」と「営業利益」以外の項目は削除します。すべての情報が入った財務データは参考資料に入れておけばいいのです。

それでは、表を使って何を伝えるのか、そのポイントにはどのようなものがあるのかを考えてみましょう。表をつくるポイントは3つあります。

**①内訳・詳細を示す**（財務分析、アンケート結果など）。
**②ほかとの比較を示す**（競合との比較、商品の比較検討など）。
**③時系列の変化を示す**（過去5年間の売上推移など）。

## 「表で伝える情報は3つ」と覚える!

### 1.内訳・詳細を示す

| 科目 | 金額 |
| --- | --- |
| 人件費 | 149万円 |
| 活動費 | 72万円 |
| 設備費 | 32万円 |
| 合計 | 253万円 |

どの経費が
大きいのかな?

### 2.ほかとの比較を示す

競合と比べて
どうなっている?

| | 売上 | 利益率 |
| --- | --- | --- |
| 当社 | 840億円 | 3% |
| スター社 | 1360億円 | 2% |
| シンク社 | 720億円 | 9% |

### 3.時系列の変化を示す

| | 2010年 | 2015年 |
| --- | --- | --- |
| 店舗数 | 127店 | 269店 |
| 売上 | 368億円 | 472億円 |

数年前と比べて
どうなっている?

たとえば、財務的な説明をするときに、自社の経費のどこにムダがありそうかを説明する場合は「詳細・内訳を示す」ことにポイントを絞ります。

ベンチマーク（参考）にしている競合との違いを説明する場合は「ほかとの比較を示す」ことにポイントを絞ります。

ここ数年の自社の事業拡大がうまくいっているのかを説明する場合は「時系列の変化を示す」ことにポイントを絞ります。

表をつくるうえで金額を表記する際に注意してほしいことがあります。

会計上の表記は、通常、「千円」「百万円」の単位を使いますが、プレゼン資料で簡略化した表をつくる場合は、「万円」「億円」の単位を使いましょう。

資料の読み手は、会計的な資料をいつも見ている人とは限りません。

資料に「20千円」「100百万円」と書いてあると、「いくらだっけ……」と一瞬迷って理解が遅くなります。資料は、**読み手が普段使っている単位を用いる**と、それだけわかりやすい表になります。「2万円」「1億円」とわかりやすさを重視した表記にするのです。

# 46 円グラフ・棒グラフ・折れ線グラフ——徹底的に使い分ける法

## 「内訳は円・比較は棒・変化は折れ線」と覚える

説得力のある資料をつくる人は「グラフの使い分け」が上手です。特徴を理解して使い分けているため、**グラフ1つにさえ、説得力を感じさせる**のです。逆に資料づくりが下手な人は、それぞれのグラフの特徴を理解していないので、グラフの選択を間違ってしまいます。結果、効果も出ず、説得力が生まれないのです。

まず覚えてほしいグラフの基本は3つだけ。

①円グラフ。
②棒グラフ。
③折れ線グラフ。

前項で、表をつくるポイントは3つあると説明しましたが、グラフも同じです。

①「内訳（構成比率）を示す」場合は、円グラフ。
②「ほかとの比較を示す」場合は、棒グラフ。
③「時系列の変化を示す」場合は、折れ線グラフ。

こう覚えておけば十分です。

「円グラフ」で表わすと便利なのは、「市場シェア」「売上構成比」など。**合計が100%になる内訳項目の比率（パーセンテージ）**がどのようになっているのかひと目で理解できます。

「棒グラフ」で表わすと便利なのは、「地域別の生産高」「商品別の販売数」など。**同列で比較できるものの違い**がすぐに理解できます。一般的には縦棒グラフを使います。表の数字だけではイメージしにくい差を棒の高さで認識させることができます。

「折れ線グラフ」で表わすと便利なのは、「年次の売上高推移」「月別の残業時間推移」など。**同じ項目の時間による変化の度合い**が、一瞬で理解できます。線の角度で、変

## 「3つのグラフ」で意外な差がつく!

### グラフで示すポイントは3つ!

内訳(構成比率)を示す

ほかとの比較を示す

時系列の変化を示す

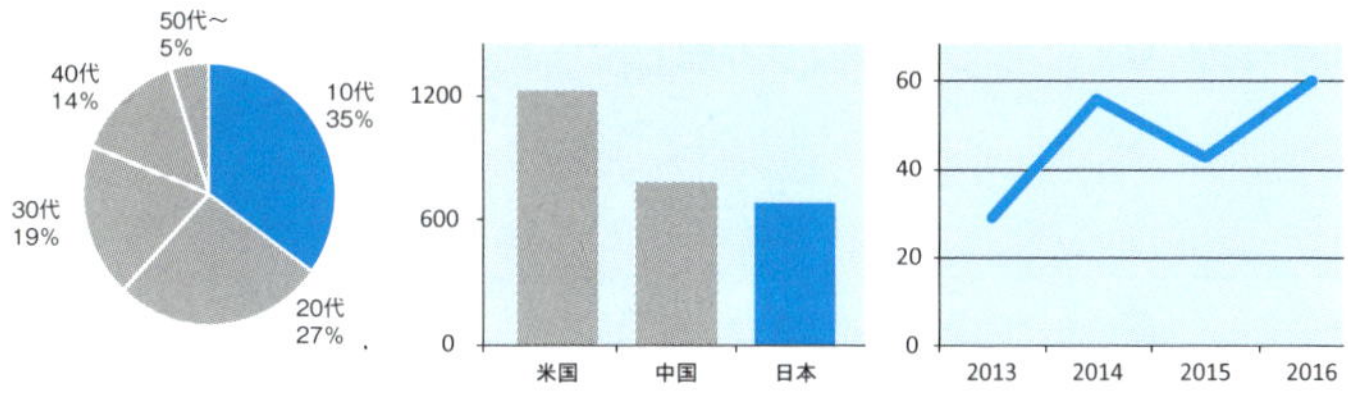


円グラフ　　棒グラフ　　折れ線グラフ

化が急激に起こっているのか、あまり変化がないのかをイメージできるのです。

年間売上高などの時系列のデータをグラフにするときは、「棒グラフ」と「折れ線グラフ」の両方を使えます。

売上高を「量」としてとらえて比較したいのであれば「棒グラフ」。

売上高の「変化」、つまり動きを説明したいのであれば「折れ線グラフ」を選ぶといいでしょう。

また、時系列のデータは、「棒グラフ」「折れ線グラフ」の両方を使えますが、「地域別の生産高」「商品別の販売数」などのほかとの比較を示すグラフは、連続したデータではないため、「折れ線グラフ」

## 「比較」は棒グラフ、「変化」は折れ線グラフ

### ほかと比較する場合

個別のデータを比べるなら
棒グラフが最適!

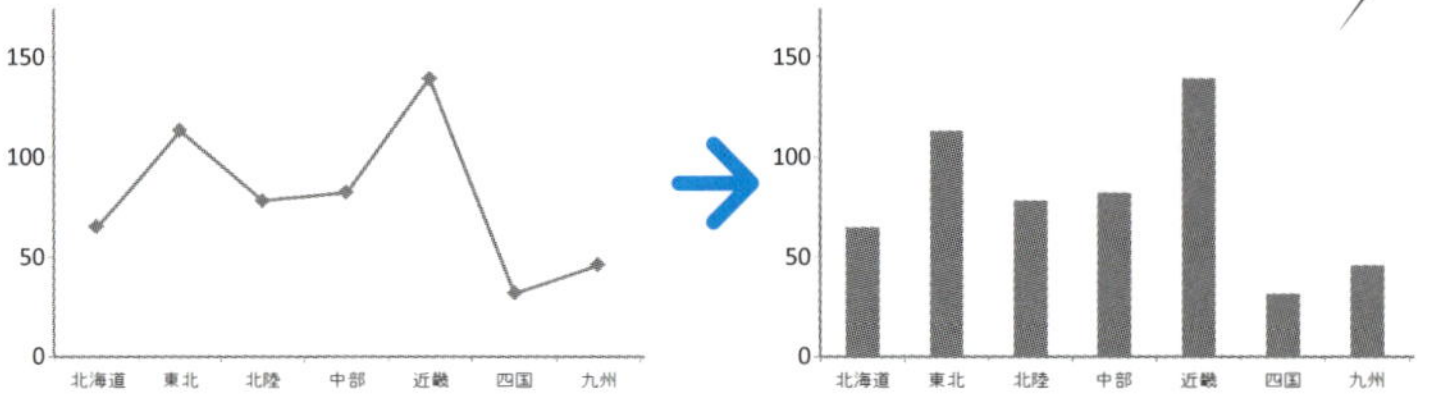


### 時系列のデータ比較の場合

折れ線グラフは
変化がわかりやすい!

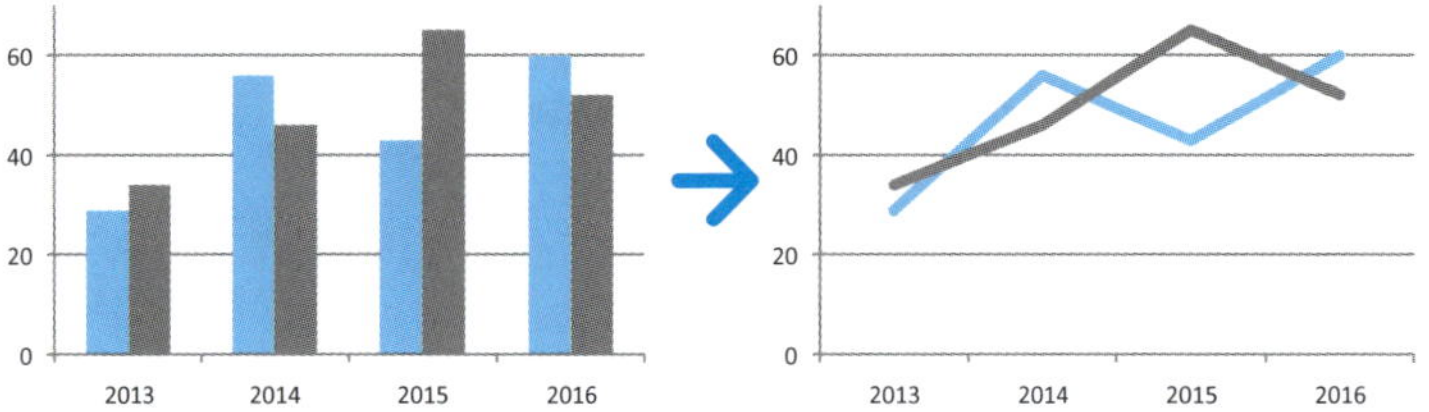


は適しません。必ず「棒グラフ」を使ってください。

逆に、自社と競合他社の年間売上の推移といった、2つの項目の時系列のデータを比較するとき（特に売上高の勝ち負けが入れ替わる場合）は、「棒グラフ」ではなく「折れ線グラフ」を使ったほうが見やすくなります。上図のように「棒グラフ」だと2つの項目が交互になるので見づらくなります。

最後にグラフの応用テクニックを2つ。「棒グラフ」では、「縦棒グラフ」が基本と説明しましたが、「横棒グラフ」は、「項目が多い場合」や「項目の文字数が

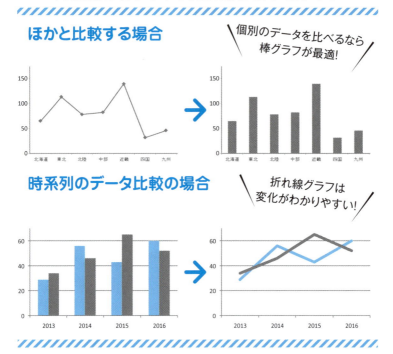

## 「横棒グラフ」「100%積み上げ棒グラフ」とは?

### 項目が多い場合

目線が上から下へ移りわかりやすい!

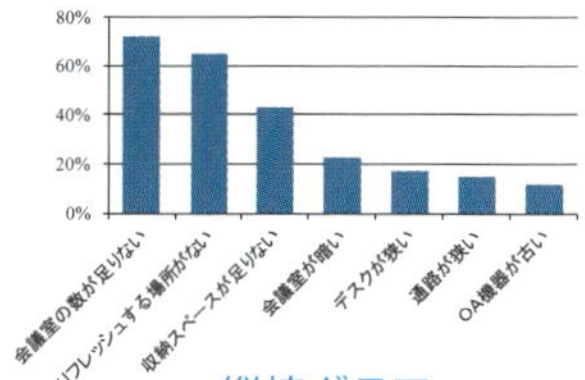


縦棒グラフ

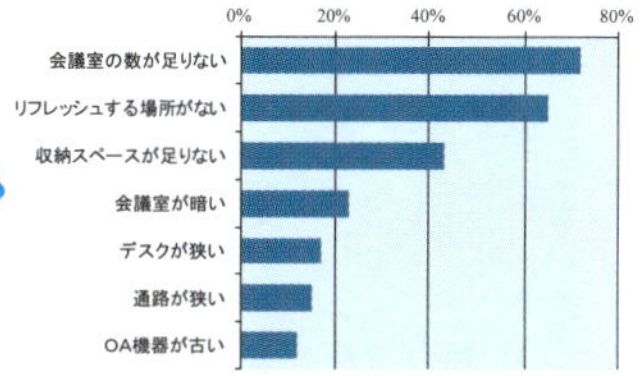


横棒グラフ

### 構成比率の時系列の変化は

比率の違いが四角形の面積でわかりやすい!

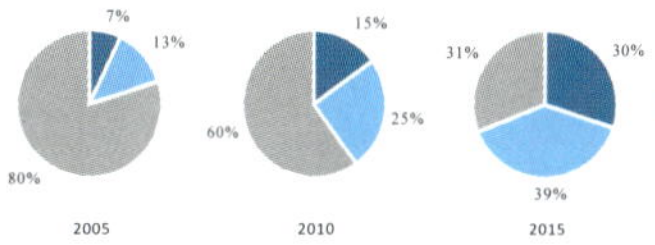


円グラフ

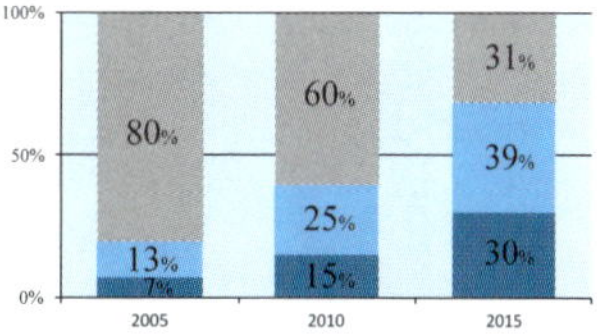


100% 積み上げ棒グラフ

長い場合」に使います。上図のように縦棒グラフだと、項目が斜めになり、棒の高さにインパクトが出なくなる場合がありますが、横棒グラフなら目線を上から下に降ろしながらスムーズに情報を理解することができます。

また、内訳（構成比率）を示す円グラフですが、その内訳を年次（つまり時系列）で並べる場合は、「**100%積み上げ棒グラフ**」を使います。上図のように、円グラフで円弧の面積を比べるより、棒グラフの四角形の面積を横に並べた形の「100%積み上げ棒グラフ」のほうが理解しやすいわけです。

# 47 グラフ「説得力倍増」のコツ――縦横比を変える・色をつける

## いいグラフとは「差が一瞬でわかるグラフ」だ！

ちょっとした工夫で、グラフがグッと見やすくなるコツを紹介しましょう。

まずは、グラフの**変化を際立たせる**コツ。

グラフの縦横比を変えて、**縦を長く、横を短く**します。

これだけで、角度がつき見やすくなります。

そもそも何のためにグラフをつくるのでしょうか？　その原点に立ち返って考えれば、いいグラフと悪いグラフの差がおのずと明らかになります。

グラフとは、**数値の差を可視化してわかりやすくする**ためのツール。

その差を強調してアピールすることが目的です。ですから、せっかく可視化したのに「あまり差がわからない」といったグラフでは意味がないのです。

## グラフ「効果を最大・最強にする」コツ

### 1.縦横比を変える

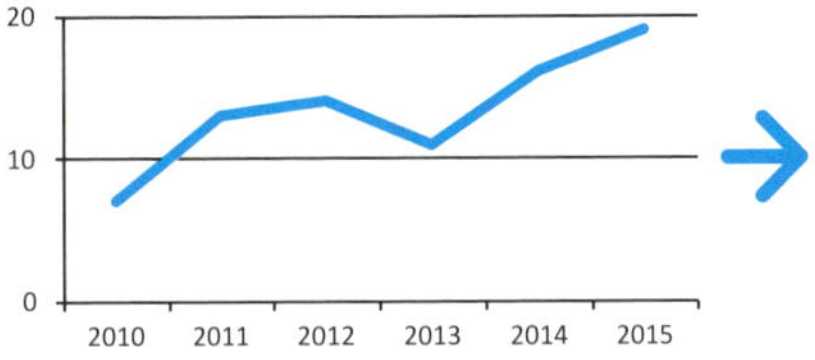


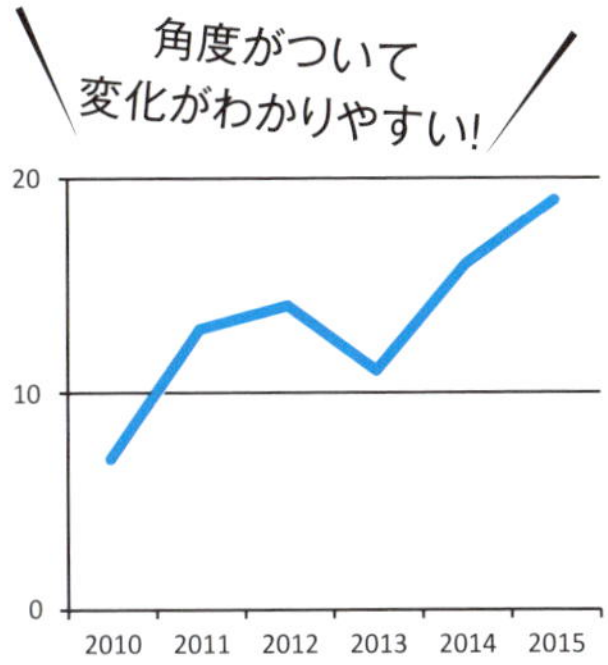


### 2.強調したい部分を目立たせる

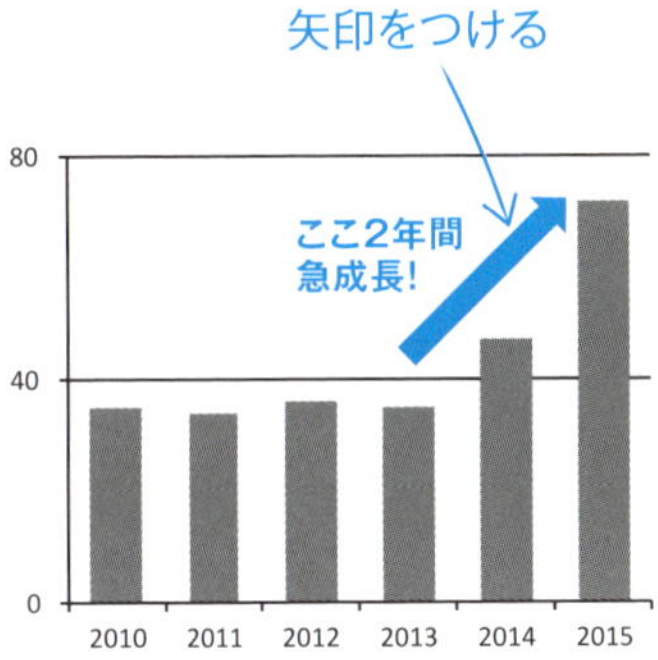


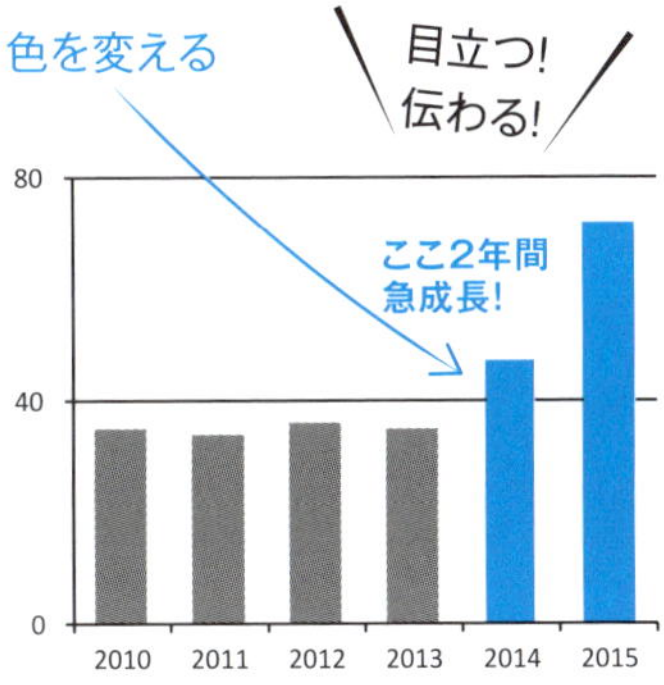


### 3.図を大きくわかりやすくする

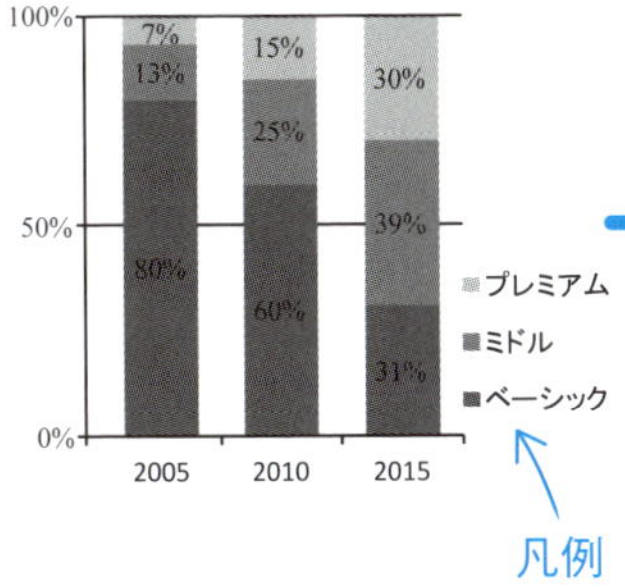


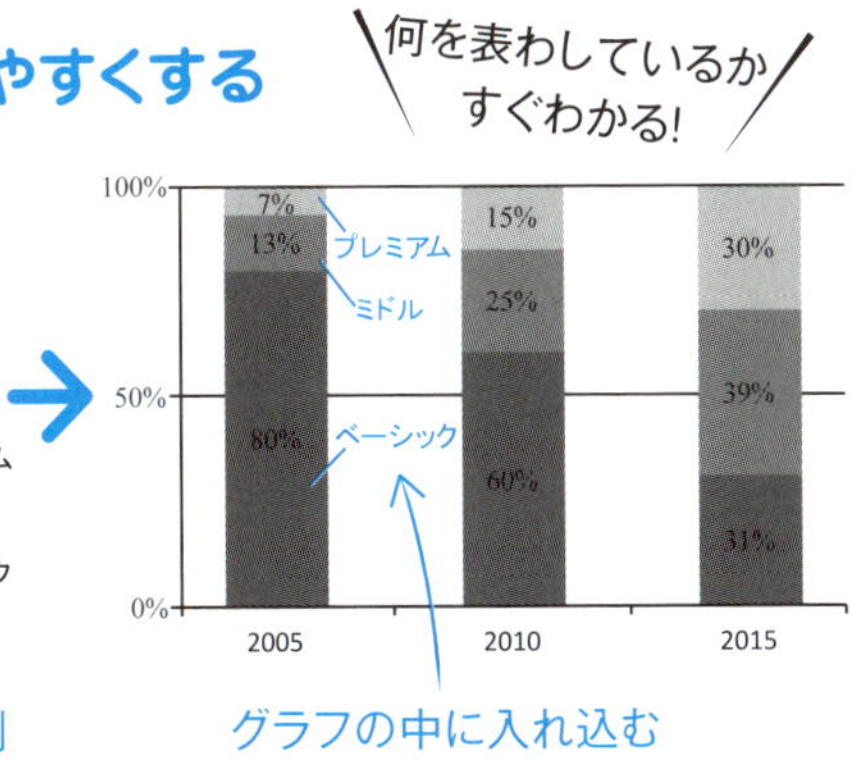

数値の差を明確にするために、グラフの原点の「0（ゼロ）」の上に波線を入れて、途中を省略して角度をつける方法もあります。ただし、この方法を使わないと、差が可視化できない場合にのみ使ってください。なぜなら、途中を省略していることに読み手が気づかないこともあるからです。

次に、グラフで「伝えたい部分」に注目してもらうコツ。

前ページ図のように**矢印を加える、その部分だけ色を変える**――。これだけでその部分がフォーカスされます。メッセージに沿った強調ができるように加工しましょう。

エクセルでグラフをつくると凡例（グラフのどの部分がどの項目を表わすかを説明するもの）が自動的にできますが、凡例は基本的には削除しましょう。なぜなら、読み手の視線が凡例とグラフの間を行ったり来たりするので、直感的な理解ができないからです。さらに凡例を入れるとグラフが小さくなります。図のように、グラフ中に凡例の項目を入れ込むことで目線が泳がず理解しやすくなります。

最後に1つ注意点、グラフはシンプルが基本です。

**3Dグラフや色のグラデーションは不要**です。特に3Dはごまかしているような印象を与えることがあるため、絶対に使わないでください。

# 48 現場の問題点……「マイナス情報」は写真で一発で伝える！

## 写真の「圧倒的な情報量」の有効活用法

資料に掲載する写真には「正しい使い方」があります。

「美しいイメージ画像で雰囲気を出す」――そう考える人も多いでしょう。

でも、ただのイメージ画像としてだけ、写真を使うのはあまりにもモッタイナイ。

資料の読み手によっては、ムダと思うこともあるかもしれません。

写真には文章や図だけでは伝わらないリアリティー、圧倒的な情報量があるのです。

一発ＯＫが出る資料をつくる人は、そうした写真の利点を活かします。

具体的には、**現場の問題点を伝えることに写真を使う**のです。

たとえば、「オフィスの環境改善の提案書」をつくるときに、「書類や資料がオフィスにあふれている」「仕事の非効率や情報漏えいのリスクがある」と文章だけで伝えたとします。ただ、これでは「それが優先順位の高い問題点なのかな?」と思われるかもしれません。リアリティーを感じさせないのです。

そんなときに「散らかった机の上の写真」「通路に置かれたダンボール」などの写真を使って説明すれば、現場の空気感やリアリティーが直接伝わります。

また、改善後の雰囲気を伝えるためにイメージ画像を使う場合でも、ちょっとした工夫がモノを言います。たとえば**「ビフォー対アフター」といった対比で写真を並べるだけで変化を実感させる**ことができます。

イメージ画像には、外国人のモデルを使ったビジネスシーンの写真などがありますが、日本企業であればイメージにギャップが生まれるのであまりおすすめできません。また、パソコンや携帯電話は日進月歩で変化します。ＩＴ機器を使用しているイメージ画像は、古い機器が写っていないものを選びましょう。

写真を使うときは、持っている写真をそのまま資料に貼りつけるということはしないでください。トリミングといって、写真の一部分を切り取る加工をします。資料を

## 写真には「正しい使い方」がある!

### 「ビフォー対アフター」で対比させる

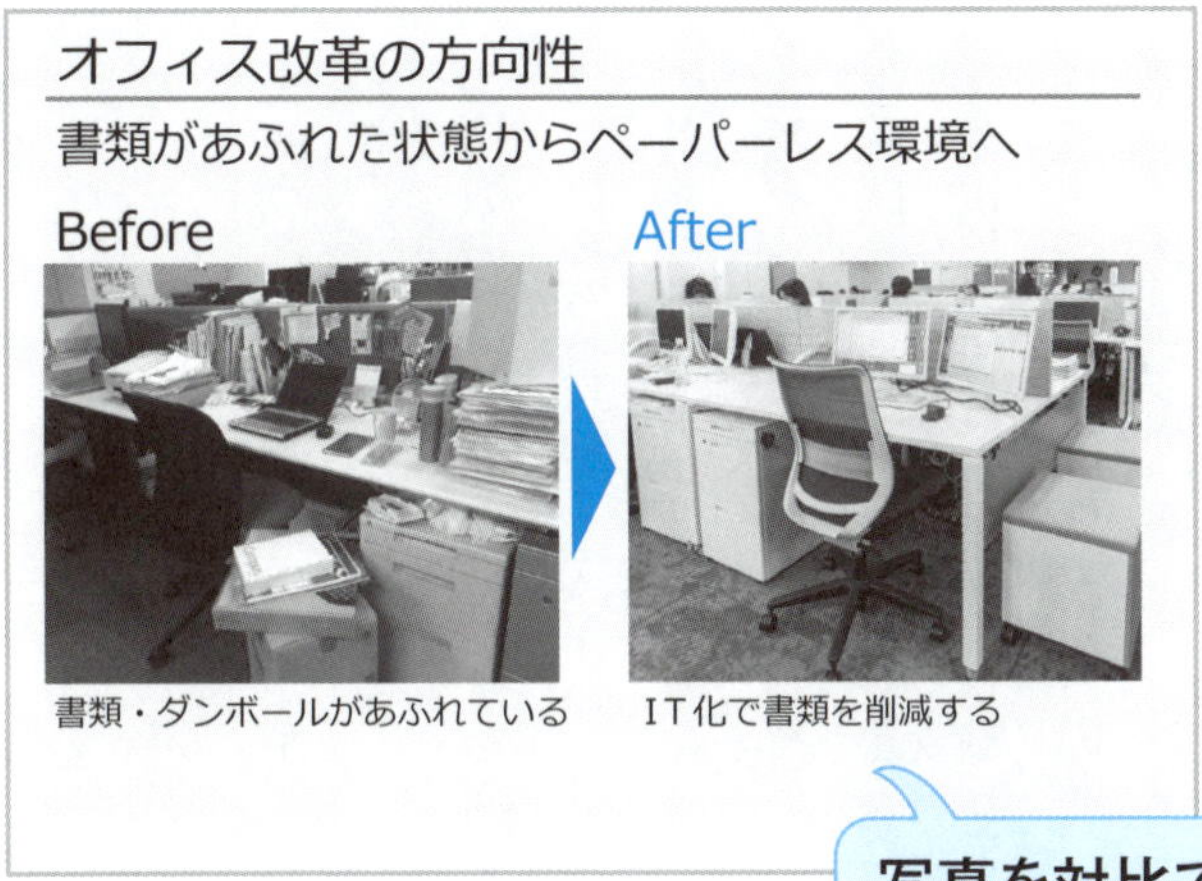
オフィス改革の方向性
書類があふれた状態からペーパーレス環境へ
Before
After
書類・ダンボールがあふれている
IT化で書類を削減する

写真を対比で並べ
変化を実感させる

### 「トリミング」をして大事な部分を強調する

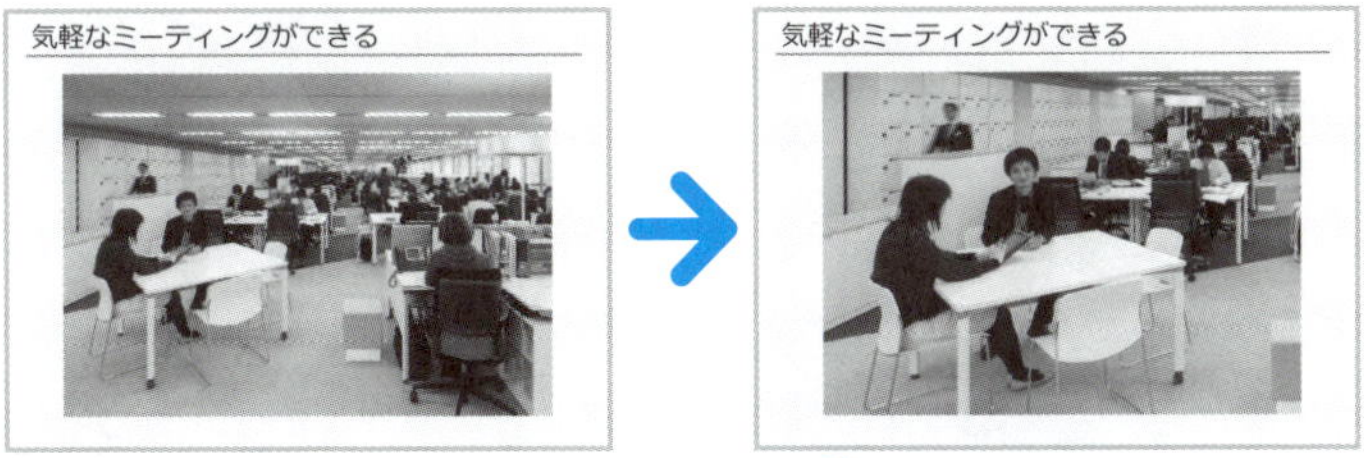
気軽なミーティングができる
気軽なミーティングができる

伝えたい内容に
合う部分だけを
切り取るのがコツ

パワーポイントでつくる人が多いと思いますが、その場合のトリミングの方法は、加工したい写真を選択し、「書式」→「サイズ」→「トリミング」を選択すれば写真の一部分だけを切り取ることができます。特に、遠景で撮影された写真の場合、そのまま使うと何を見せたいのかが伝わりません。**伝えたい内容に合う部分だけ**を切り取ります。

複数の写真を並べるときも同じように、トリミングを使って縦横比を揃えます。並んでいる写真のサイズが揃っていないと、それだけで見た目が美しくなくなり、資料のクオリティーが低い印象を見る人に与えてしまいます。

写真は大きくしたほうがインパクトを与えることができます。写真以外の情報との位置関係を調整しながらできるだけ大きく見せる配置を考えます。

最後に、写真の色味を調整します。パワーポイント上で彩度や明るさなどを変えられます。写真は画像で見るのと、印刷したときのイメージが変わるものです。試し印刷しながら調整していきます。

6章

# いいデザインはつねに「シンプル」。だから伝わる!

## 資料が「一気に見やすく+読みやすくなる」体裁

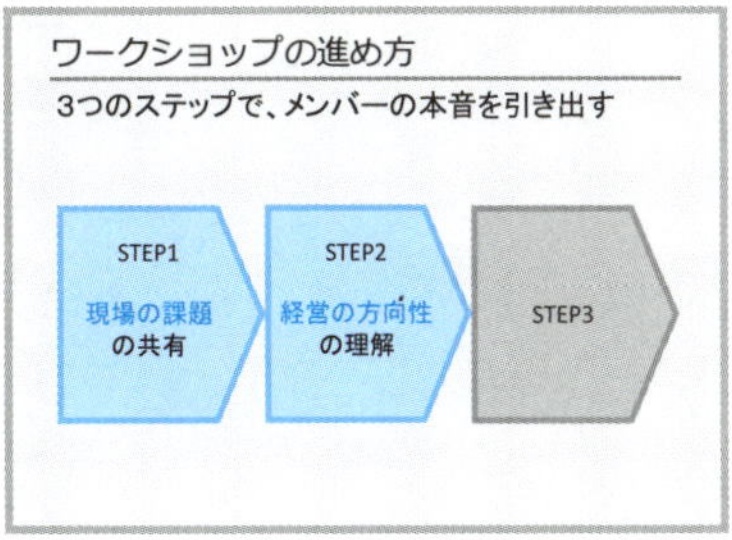

## 49

# 読みやすい資料、「紙面の30％以上が余白」がコツ

### 余白があるから「伝えたいこと」が目立つ！

資料を、きれいに読みやすく見せる最大のポイントは、「**余白**」です。

少なくとも**紙面の30％以上**は、何も書かないスペースをつくりましょう。

資料づくりが下手な人に限って、余白があると余計な文字情報やイラスト、写真などで埋めようとするもの。イメージ写真などを使って、雰囲気を出そうとする人は少なくありません。余白があると、情報が不足しているように思ってしまうのでしょう。

ただ、そうした「オマケ情報」があると、肝心の伝えたい情報に注意がいきません。30％以上の余白がある資料は、見る人にとって**読みやすく、大事な部分が目につきやすい**のです。図を入れるときにも配置に意味を持たせられます。

前述したように、資料は、「ページタイトル」「メインメッセージ」「ボディ」の3

## きれい・きたないは「余白」が9割

### 余白のない資料

大事な情報が
どれなのか
わからない

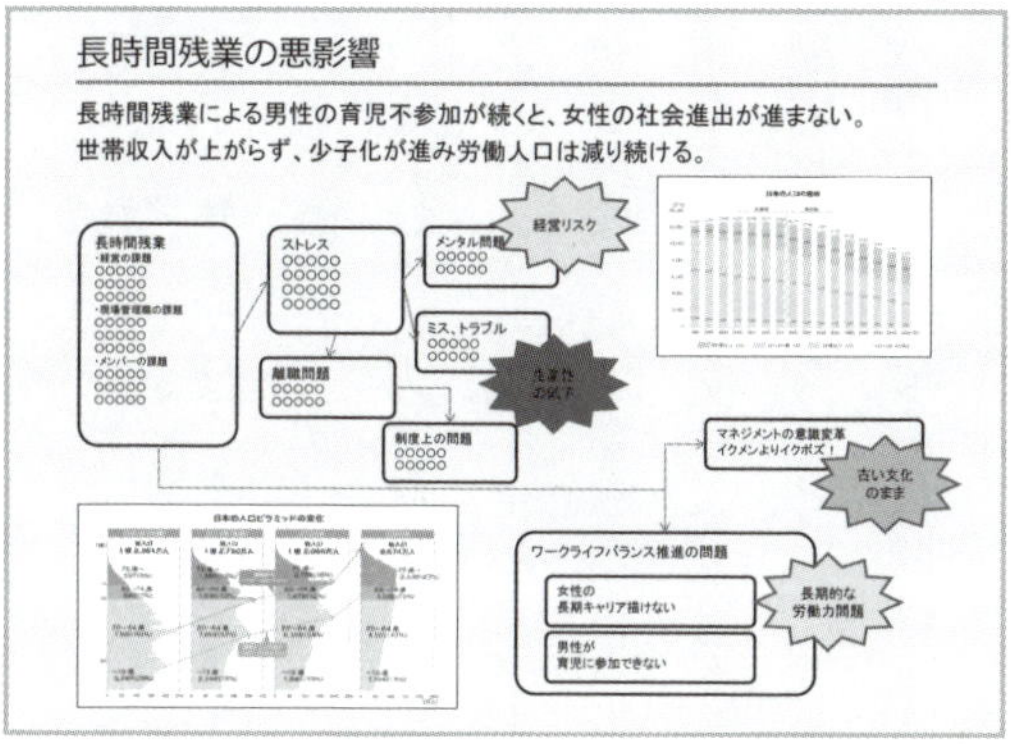


たくさんの写真
やグラフを使っ
ても読みにくく
なるだけ

ギチギチ
読みにくい

### 余白のある資料

ページタイトルは24～36ポイント
メインメッセージは18～32ポイント

スッキリ
読みやすい

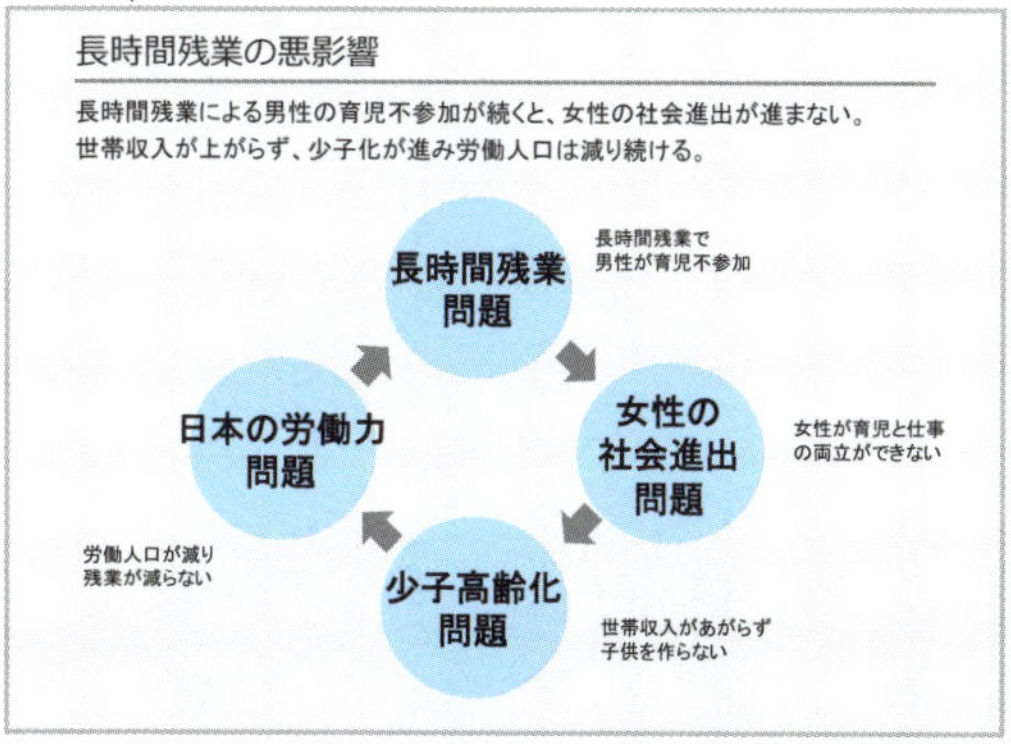


行間も1.2～
1.5行ほど
取るとよい

紙面の30%
以上は余白に
しておく

つのブロックに分かれます。

それぞれがゴチャゴチャにならないコツを紹介しましょう。

文字のサイズは、**ページタイトルが24～36ポイント、メインメッセージが18～32ポイント**で調整します。メインメッセージはページタイトルより少し文字を小さくします。文字のサイズは画面投影する場合は、紙配布する場合よりも大きくします。ボディに入る文字も12ポイント以上の大きさを心がけます。

文字数は、34項で触れましたが、画面投影なら1行16文字、2行で32文字以内、紙配布なら1行30文字、2行で60文字以内とします。ギチギチにしないためには行間にも配慮します。

パワーポイントの行間は1・0行に設定されています。1・2～1・5行ほど取ると見やすくなります。「ホーム」→「段落」→「行間」→「行間のオプション」で調整できます。

また、資料の端まで文字や図がこないようにしてください。紙の左右と下からそれぞれ1センチメートル以上の余白を取りましょう。特に、ステープラー（ホッチキス）止めするときに見えづらくならないように注意してください。

## 50

# 「線」を減らすだけで、資料はスッキリ！ 見やすくなる

### 表は「縦線をなくす」とスッキリ！ 見やすくなる

読みづらい資料は、ムダな線がじつに多いものです。

逆に言えば、読みやすい資料は、線が必要最低限しか使われていません。

だから、非常に目にやさしい。結果、読みやすいのです。

実際、線を引いてみればわかりますが、線が多くなればなるほど、資料は読みづらくなるものです。ですから、資料では、**ムダな線はなるべく使わない**こと。

たとえば、表をつくる場合であれば、縦線をなくすだけでスッキリとした体裁にすることができます。横線もなるべく細い線を使います。項目が多い場合は、線の代わりに1行ごとに薄い背景色を入れるといった工夫も効果的。これだけで読み手は、数字を追いかけやすくなります。

また、簡単な表であれば、線を使わなくても文字の位置を揃えてスキマを十分に取って配置すれば、それだけで見やすくなります。

グラフをつくる場合は、**罫線を少なくし、グラフの線を太くする**のが基本。読み手が見たときに、グラフの線だけが浮き出て見えるくらいに強弱をつけるのです。

図をつくる場合は、**枠線の太さは0・5〜0・75程度**にします。ただし、プリンターによって線の印象は変わるため、図をつくる前に、一度印刷して調整しましょう。

長めの文字を丸や四角で囲んで図をつくる場合、文字と枠線が重なって文字が見にくくなることがあります。そのような場合、図に背景色を入れれば枠線がなくても図として十分、認識できるので、この処理がおすすめです。

また、ボディに入る図は、大きさや幅がきれいに揃っているのかをチェックしましょう。この作業はいたって簡単。「ホーム」→「図形描写」→「配置」にある「左揃え」「上下中央揃え」「上下に整列」などの機能を使うと、簡単に調整できます。図形やグラフがきれいに揃っているだけで、見た目の印象は随分とよくなります。

ムダな線をなくし、大きさと幅を揃える――これだけで、あなたの資料の第一印象が一気によくなるのです。

## シンプルな資料は例外なく「線が少ない」

# 余分な線は思いきって削ろう!

### グラフのコツ：罫線を減らし、グラフを太くする

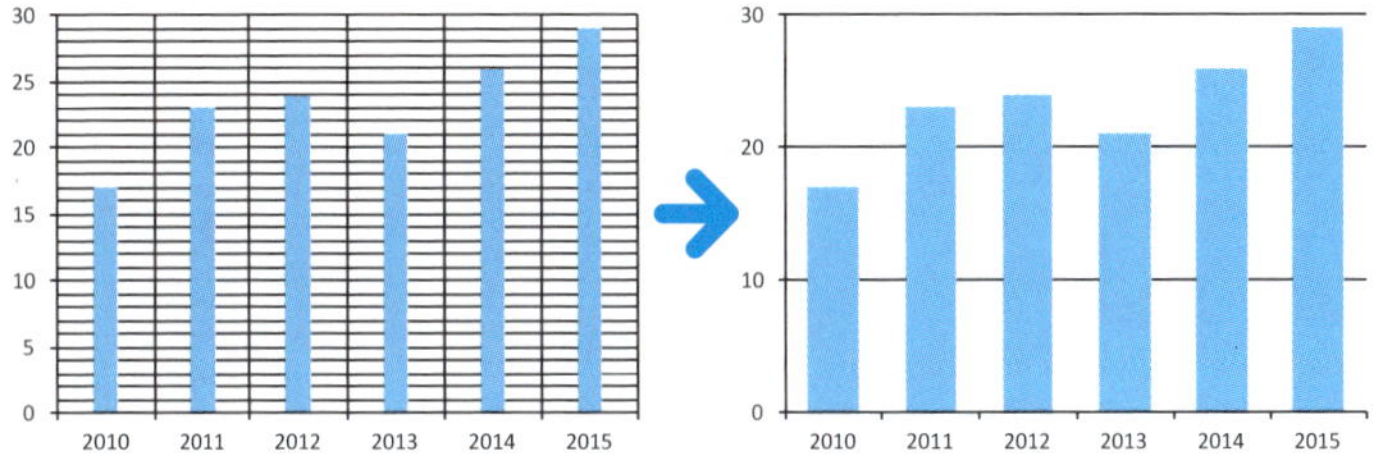


### 図のコツ：枠線を消して、背景に色を使う

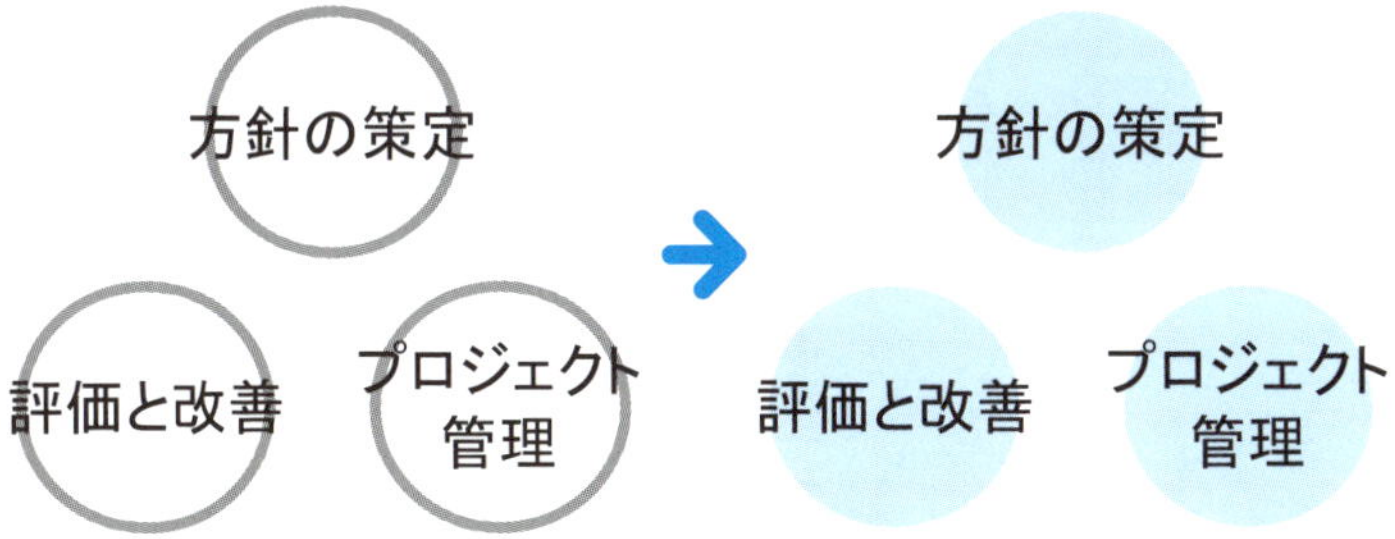


### 表のコツ：文字の位置関係を揃えて線は削る

| | |
|---|---|
| 採 用 | 会社として求める人材像が決まっていない |
| 育 成 | 20年前に設計した新人研修のみ |
| 評 価 | 評価基準が不明確、上司によりバラツキが |
| 異 動 | キャリアアップをイメージできていない |

→

| | |
|---|---|
| 採 用 | 会社として求める人材像が決まっていない |
| 育 成 | 20年前に設計した新人研修のみ |
| 評 価 | 評価基準が不明確、上司によりバラツキが |
| 異 動 | キャリアアップをイメージできていない |

# 51

# シンプルな資料は「□○△（図形）の使い方」がうまい！

## 事実は「四角」、キーワードは「円」で囲む

四角形・円・三角形……図形にはそれぞれ意味があります。

たとえば、私たちの日常会話でも、それぞれの図形の意味を無意識のうちに使っているものです。「彼、性格に四角四面なところがある」「部長も最近、考え方が丸くなったなあ」「彼女はいつも角が立つ言い方をする」などなど、みなさんも図形の意味を会話で使っているのではないでしょうか？

読みやすい資料は、このような**図形の意味、特徴を上手に使っている**ものです。

具体的には、資料で伝えたい内容に合わせて、次のような図形を選んでいるのです。

四角形……明確な内容、具体的な事実などを伝えるときに有効。

## 「□○△（図形）」には意味がある!

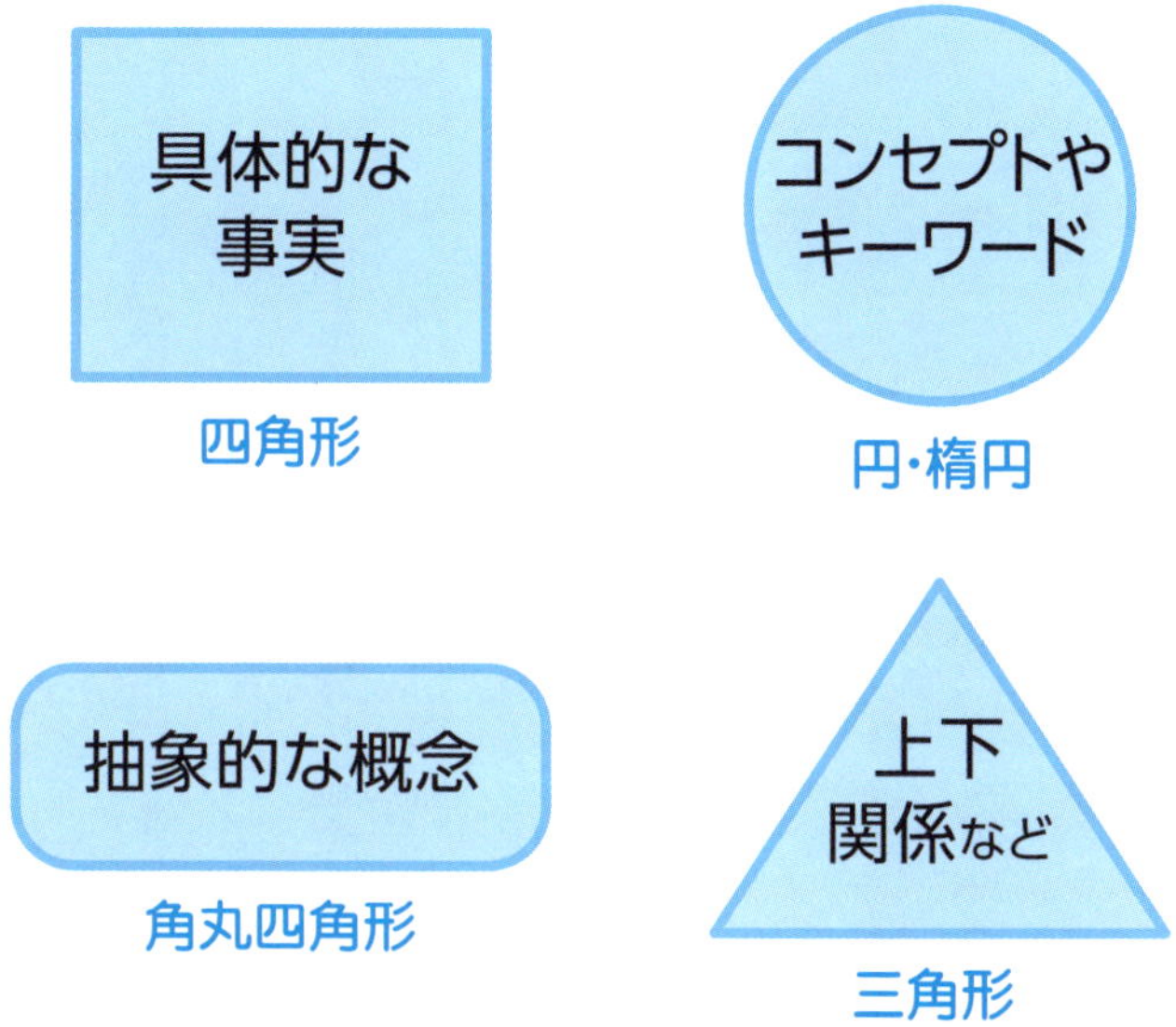


角丸四角形……やや抽象的な概念や意見などを伝えるときに有効。

円・楕円……抽象度が高い提案のコンセプト、キーワードなどを表わすときに有効。

三角形……上下関係や高次元のモノと低次元のモノのレベルの差を表わすときに有効。

以下、図形の注意点をいくつかあげましょう。

まず文字を楕円などの図形で囲んで図をつくるときは、**大きさを揃える**こと。それだけで資料全体の見た目のバランスがよくなります。

左図を見てください。読みにくい資料では、文字の大きさによって図形（楕円）のサイズがマチマチになっていることが多いもの。「コミュニケーション」といった長い言葉は長い図形（楕円）を使って、「デザイン」といった短い言葉に短い図形（楕円）を使っているようなケースです。

図形のサイズを正確に揃えるには、サイズを揃えたい図形をすべて選択して、「書式」↓「サイズ」↓「図形の幅」「図形の高さ」に数値を入力します。

また、**矢印の形や長さも揃える**と資料全体に統一感が出ます。いろんな長さの矢印がある場合でも、先端の三角形のサイズを揃えるだけでスッキリした印象になります。

インパクトを与える「爆発マーク」は、形がイビツで調整しにくいのであまりおすすめしません。

どうしても使いたい場合は、「挿入」↓「図」↓「図形」↓「星とリボン」の「爆発1」「爆発2」ではなく、「星12」「星16」などを使いましょう。角の形がきれいに揃っているので、見た目がきれいです。

## 資料の「見た目」を一気によくするコツ

### 図形の形や大きさを揃えよう

**きれいに囲むコツ**：図形の大きさは一番長い文字に合わせる

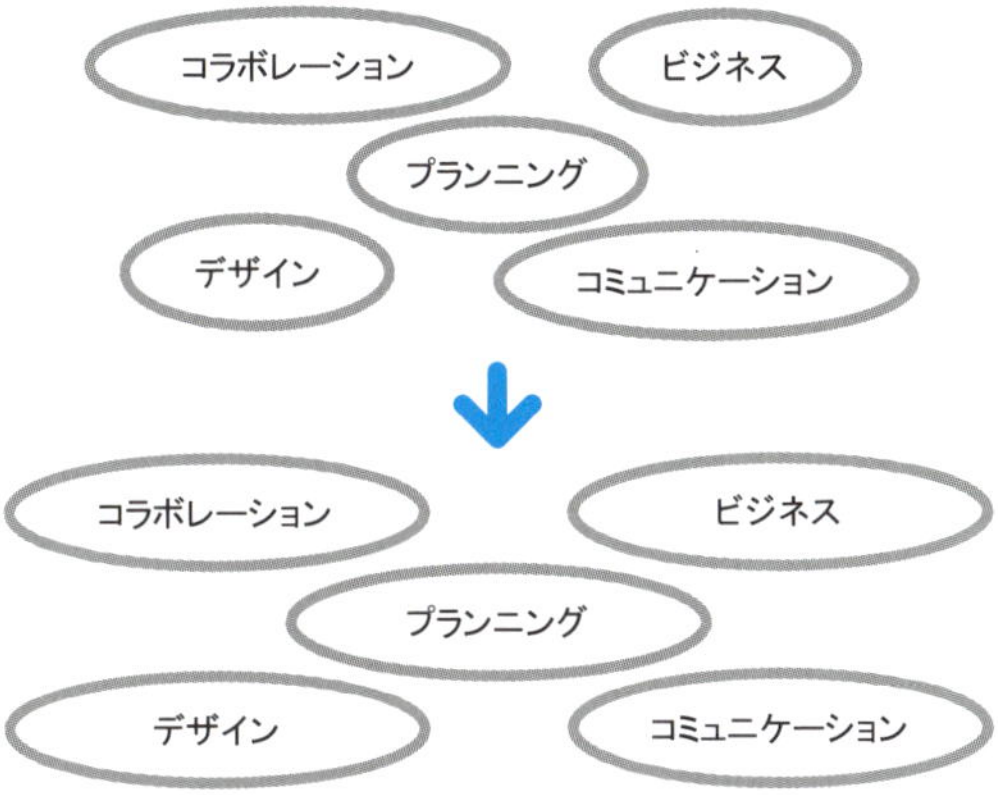


**統一感を出すコツ**：矢印の形や長さを揃える

**インパクトを出すコツ**：見た目がきれいな星を使う

# 52

# シンプルな資料は「青と赤の使い方」がうまい！

## 知性は「青」、注意は「赤」を使う

「色」にも前項の「図形」と同様、それぞれ意味、特徴があります。

いい資料をつくる人は、それぞれの色を上手に使って、資料に反映させています。

とはいえ、闇雲に色を使えばいいわけではありません。

資料で使う色は、**3色以下に抑える**のがコツです。資料の色の数は増やせば増やすだけ何が重要なポイントなのかがわからなくなるからです。

基本となる色の配色は、**黒をベース**とし、**強調したい部分は青を使う**。この2色で十分です。同系色の薄い青と濃い青を使えば大抵の資料はつくれます。

なぜ、青を使うかというと、青には「理性、論理」というイメージがあるから。決裁者が資料に求めるのは、資料の**「ロジック（論理構成）」がしっかりしているか**ど

## 「色（青・赤）」にも意味がある!

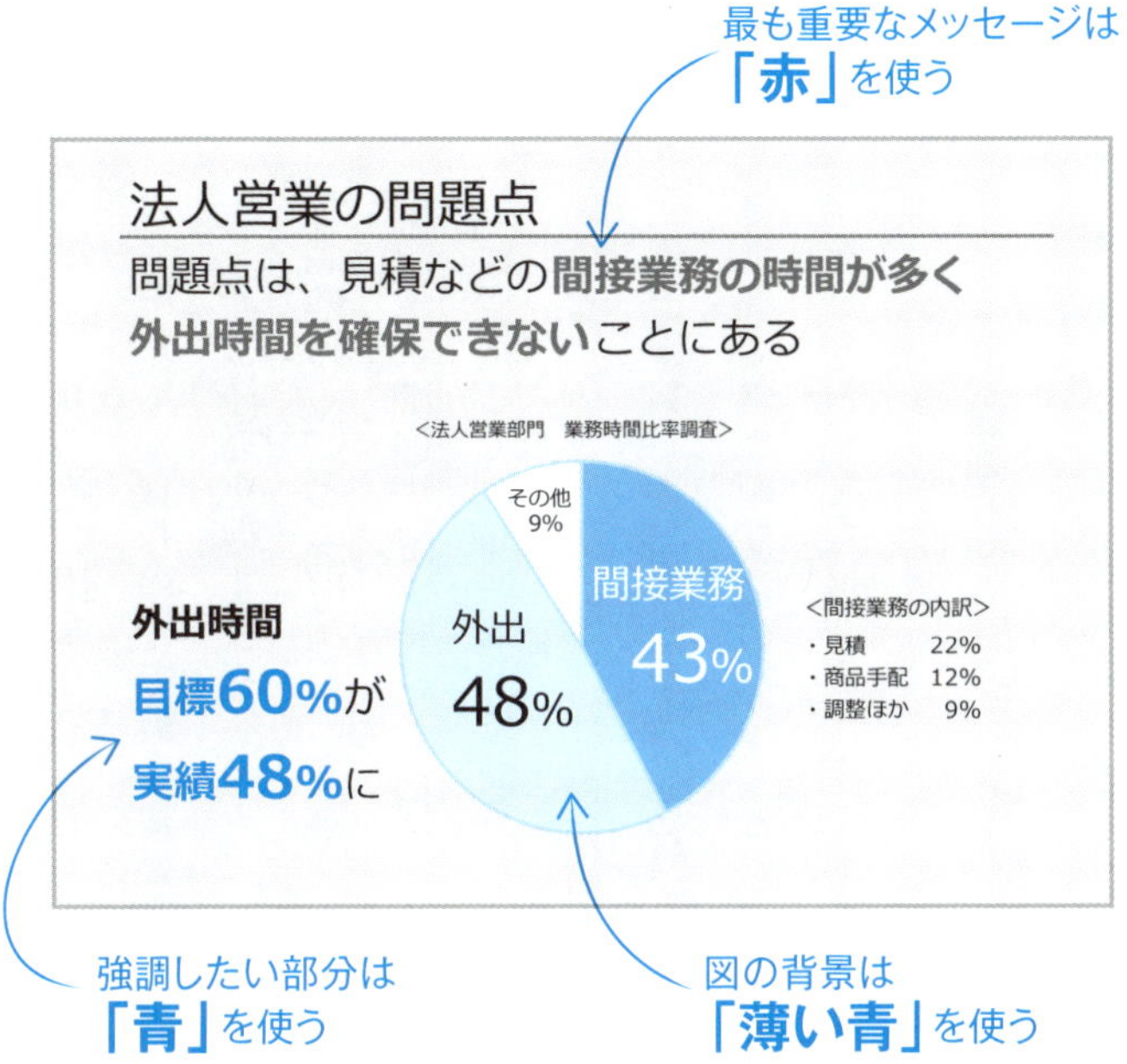


うかですので、その意味からも青が適しているのです。

濃い青は強調したい文字に、薄い青は図の背景に使います。

濃い青を使って強調したい文字とは、資料の各ページにおいてその言葉だけを見ていけば、大筋の意味がわかる部分。各ページの重要な言葉だけを濃い青にすることで、資料をパラパラめくりながら見ても、1分で理解できる資料になるのです。

たとえば、「間接業務削減の提案書」で考えると、「目的は、間接業務の効率化をはかり、顧客訪問件数1200件に回復すること」「外出時間、目標60％が実績48%に」という形で青を使うことで、重要な言葉や覚えてほしい数値だけをそのページから拾い出すことができるのです。

そして、資料の中で**最も重要なメッセージには、赤を使う**といいでしょう。

赤は注意を促す色ですので、あまり多用するのはおすすめしません。資料は「問題点の特定」と「解決策の提案」でできていますので、赤字にするのは「ここがまさに重大な問題点です」と危機感を持ってもらいたい部分と、「この解決策が最善です」と決裁してほしい部分に使うと効果的です。

たとえば、「問題点は、見積などの**間接業務の時間が多く外出時間を確保できない**ことにある」「解決策は、**モバイル見積システム（A社製品）**を導入し、**見積作業の50%を外出時間**で行なう」という形。その2カ所、問題点と解決策だけを赤にすれば、そこが最重要なメッセージであることが明確になります。

ただ、図をつくるときに、複数の色を使わなければいけないこともあるでしょう。たとえば、日本、アメリカ、中国、ドイツの違いを図で説明したい場合です。

そのような場合でも、資料の全体に使う色の数は抑えて、その部分を説明する図だけ4種類の色を使うようにすれば、資料のシンプルな印象は損なわれません。

資料で使う色は、普段から決めておくと便利です。濃い青はこの色、薄い青はこの色、最重要のときに使う赤はこの色というかたちで決めて、いつも資料をつくっておけば、過去につくった資料の情報を再活用するときにも色のバランスが崩れません。

一発OKが出る資料をつくれない人に限って、同じ色でも、ページによって微妙に濃度が違うもの。たとえば、2ページ目の赤はかなり濃いけど、4ページ目の赤は少し薄いといったように、色の濃度も統一されていないのです。

色の濃度がバラバラだと、資料全体の統一感が損なわれます。

同じ色の濃度は統一する——。それだけで、資料全体がスッキリします。

色は「色の設定」から選べますが、できるだけ「標準」のものを使いましょう。「ユーザー設定」で細かく「赤（R）、緑（G）、青（B）」を組み合わせてつくることもできますが、使った数値を覚えておくのが大変です。

ちなみに、カラーでつくった資料も白黒印刷する場合があります。モノトーンになると文字が見づらくなる場合もありますので、事前に白黒印刷して、見え方を確認しておきましょう。

一発OKの基本
構成のコツ
説得力のコツ
文章のコツ
図解のコツ
デザインのコツ

53

# 「ゴシック体」を使い分けると「資料の質」が上がる！

## 見た目重視の「メイリオ」、効率重視の「MSPゴシック」

資料のフォント（書体）は、ゴシック体が基本です。

ゴシック体はデザインが**シンプルで、視認性が高い**からです。

変わった書体を選ぶと、その書体の持つ雰囲気から、読み手は違ったメッセージを受け取ってしまう可能性があります。

ニュートラルなゴシック体が、プレゼン資料にはベスト。

パワーポイントであれば、「MSPゴシック」か「メイリオ」を使います。

MSPゴシックの「MS」はMicrosoftの略。「P」は「プロポーショナルフォント」といって、文字の幅に合わせて文字間が調整されたフォントです。

また、ポピュラーなゴシック体で、文字間がすべて同じ等間フォントとして「MSゴシック」というフォントがあります。241ページの図で「MSPゴシック」と比

## まず「2つのゴシック体」を使い分ける

**MSPゴシック**

文字は**ゴシック体**が基本です

情報を効率的に伝えるならこっち!

**メイリオ**

文字は**ゴシック体**が基本です

デザイン性で選ぶならこっち!

べてみると違いがわかります。プロポーショナルフォントのほうが見た目が美しいので、資料に適しているのです。

「メイリオ」は、「明瞭」という言葉から名づけられたフォント。「ＭＳＰゴシック」よりデザイン性にすぐれています。

太文字（ボールド）にしたとき、標準の状態との文字の太さの違いもはっきりしています。ただ、欠点は「ＭＳＰゴシック」に比べて文字の幅が長くなることです。

見た目の美しさにこだわるのであれば「メイリオ」、情報を効率的に見せたいのであれば「ＭＳＰゴシック」を選ぶといいでしょう。

ただし、**同じ資料に使う文字は、どちらかに統一**するのが基本です。

資料づくりの下手な人は、1つの資料にいろいろな書体を使って見栄えをよくしようとしますが、まったくのナンセンス。

書体を複数使うと、どの部分にどの書体を使うのかというルールがバラバラになります。結果、読み手に対してインパクトを与えるどころか、統一感の取れていない雑な印象を与えることになるのです。

書体は1種類にするのが基本ですが、最低でも2種類までに抑えましょう。

では、そのほかのフォントは、どのようなときに使えばいいのでしょうか？

「明朝体（MSP明朝など）」は、長文の情報を記載する必要があれば使ってもいいでしょう。というのも、長文は明朝体などの細い書体のほうが読みやすいからです。そのとき、見出しはゴシック体、本文は明朝体にします。

「丸文字（HG丸ゴシックM-PRO、HGP創英角ポップ体など）」は、社内イベントの告知資料などであればOKですが、プレゼン資料には向きません。丸文字は子

## 書体を変えるだけで印象がガラリと変わる!

### MSPゴシックとMSゴシックの違い

見た目がきれい

シンプルでおすすめ

一発OKが出る資料のつくり方(MSPゴシック)

一発ＯＫが出る資料のつくり方(MSゴシック)

変なスキマができる

### 明朝体 ⇒ 文字量が多い場合に有効

ページタイトルはゴシック

一発OKが出る資料のつくり方(MSPゴシック)

資料をつくるときにどのような問題があるかというと・・・・(MSP明朝)

### 丸文字 ⇒ 提案資料ではNG!

子どもっぽい印象を与えてしまう

一発OKが出る資料のつくり方 (HG丸ゴシックM-PRO)

**一発OKが出る資料のつくり方 (HGP創英角ポップ体)**

### 強調 ⇒ 基本は太文字、長文の場合はアンダーライン

**ハード主体**の営業から**ソフトを交えた**営業スタイルへ(太文字)

ハード主体の営業からソフトを交えた営業スタイルへ(アンダーライン)

*ハード主体*の営業から*ソフトを交えた*営業スタイルへ(斜体)

斜体は読みにくいのでNG!

どもっぽい印象を与えるからです。

文字を強調したい場合にもコツがあります。

前項で説明したように色をつけて強調する方法もありますが、**太文字（ボールド）を使うのが基本**です。アンダーライン（下線）は長文のときに使うこともありますが、まずは太文字を優先して使いましょう。なぜなら、下線より太文字のほうが、インパクトが大きいからです。斜体は、日本語の場合、読みづらくなるので使いません。

文字のサイズを大きくして強調する方法も効果的です。キーワードや数字など一部分だけを大きくすることでメリハリを利かせることができます。

文字の全角半角も使い分けます。基本「英文」と「数字」は半角、「カタカナ」は全角――これが基本です。

図解をするときに「プレゼンテーション」「クリエイティビティ」などカタカナは長くて幅を取ってしまいますが、極力全角を使いましょう。

# 54

# 「Q&A方式」のアニメーションが、決裁者の興味をあおる！

そそる資料「その先」が読みたくなる秘密

資料を投影しながら説明する場合、**アニメーション機能**を使う人もいるでしょう。

アニメーション機能とは、マウスをクリックしながらパワーポイント上に文字や図形を浮かび上がらせる機能のこと。

文字を最初からすべて表示すると、相手は先回りして内容を理解しようとします。せっかく説明をしているのに、話を聞いてもらえないといったことが起こるのです。

その点、プレゼンが上手な人は、アニメーションを使って会議参加者の意識を上手にコントロールします。

アニメーションの使い方は、次の2種類です。

①「問い」と「答え」を用意して、相手の興味を刺激する方法。
②作業手順を「ステップ1」「ステップ2」と順番に表示し、1つひとつ理解させながら進める方法。

まず、①の「問い」と「答え」を用意して、相手の興味を刺激する方法――について説明しましょう。これは、たとえば、最初に「社内アンケートで最も多かった意見は?」と問いを投げかけ、「部門間の情報共有が少ないという声でした」と答えを示すようなやり方です。

アニメーションをこのように使えば、見る人はつねに「答えはなんだろう?」と考えながら話に引き込まれていきます。

たとえば、問題解決の構成の流れで使うのであれば、「問題点は?」と表示した後、「売上は伸びているが、利益率が下がっていること」と表示します。そして「原因は?」と表示した後、「売上を伸ばすために、販促費を上限なく使っているため」と表示します。このような形で順番に「問い」と「答え」を表示すれば、聞き手はつねに集中して話を聞いてくれます。

## プレゼン「その先が聞きたくなる」コツとは？

# アニメーションの効果的な使い方

## ①「問い」と「答え」を見せる

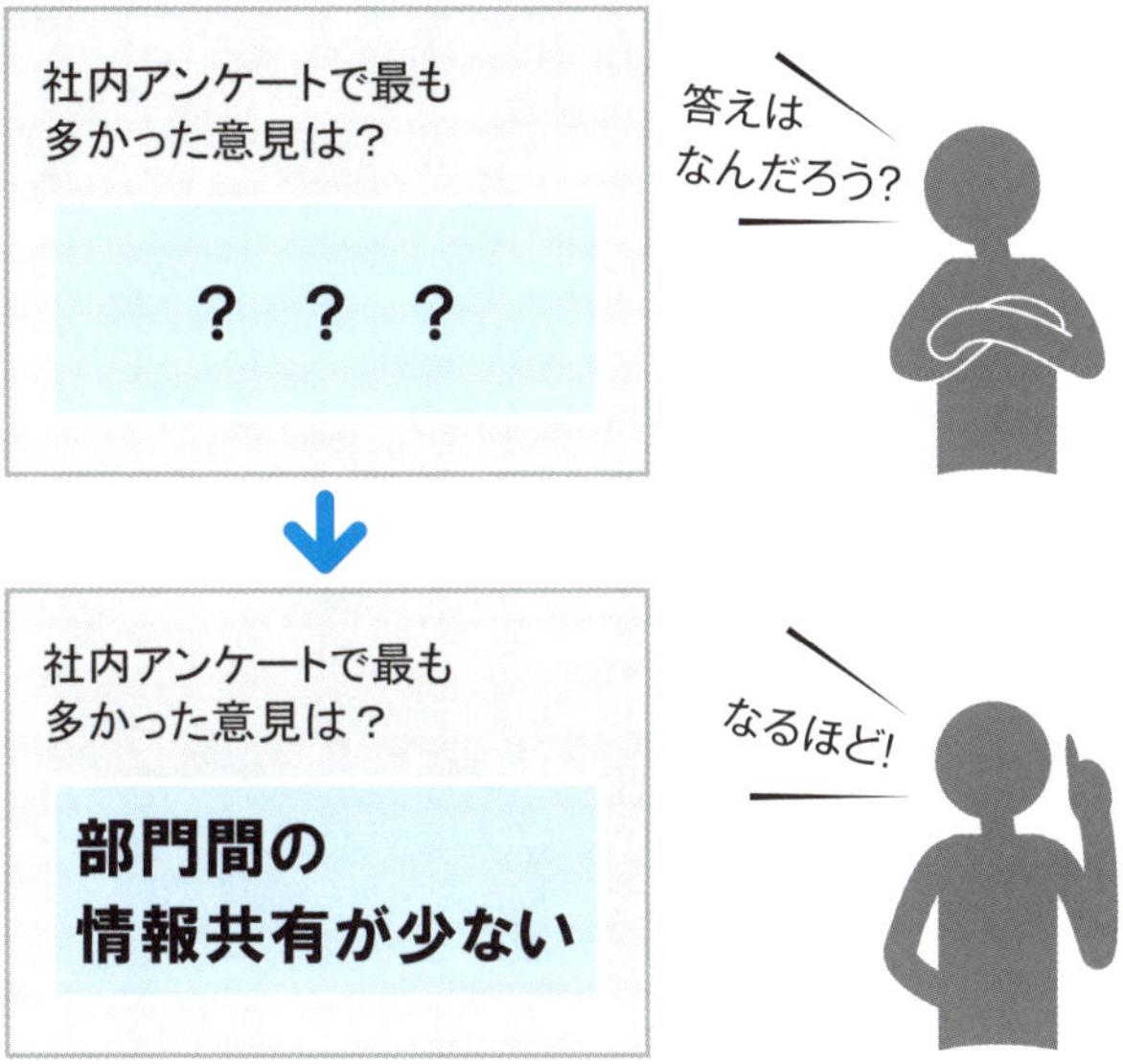


## ② 作業手順を見せる

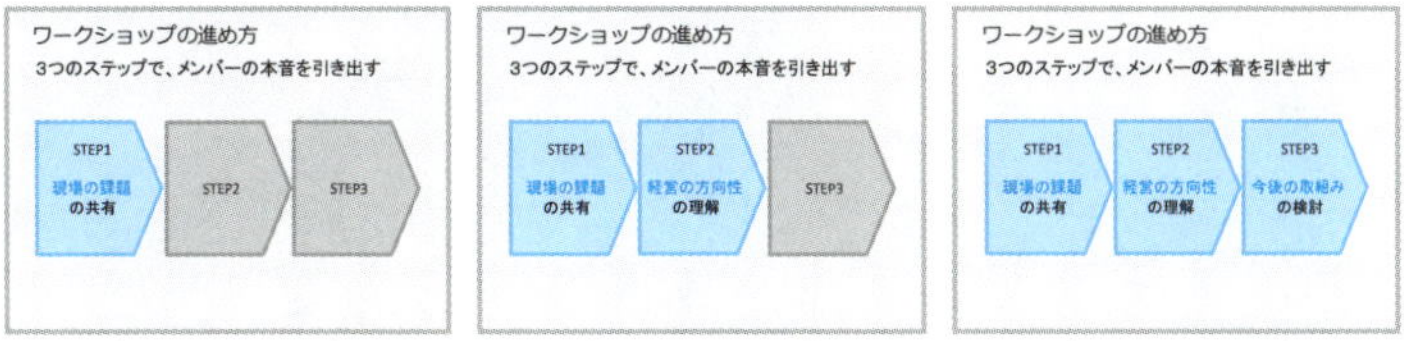


STEP1
まず取り組むこと
を示す

STEP2
次の段階を
示す

STEP3
最後にすること
を示す

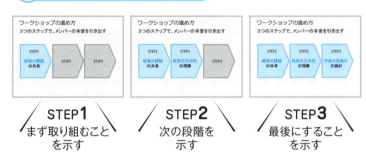

次は②の、作業手順を「ステップ1」「ステップ2」と順番に表示し、1つひとつ理解させながら進める方法——について説明しましょう。

たとえば、「ワークショップは3つのステップで進めることで、メンバーの本音を引き出すことができる」ということを説明する場合。ステップ1から1つずつ、アニメーションでキーワード表示させ、**順を追って理解させる**のです。

ステップ1では、「現場の課題の共有」というキーワードを表示し、「社員の不満を吐き出させて、現場の課題を共有します」と説明します。

次にステップ2で、「経営の方向性の理解」というキーワードを表示し、「次に、経営の方向性について説明します」と説明を続けていきます。

こうすれば、1つひとつの作業を、順を追って理解させることができるのです。

アニメーションはいろいろなタイプがありますが、パワーポイントでは「フェード」という文字が自然に浮き上がってくるシンプルなものだけを使います。

アニメーションはあまり多用するとくどくなります。「問い」と「答え」で使う場合は1ページに1つまで、作業手順を示す場合は1ページに3つまでにしておきます。

55

# 一発ＯＫが出る資料は「黙読＋音読」で最終チェック！

## 本番で絶対失敗しない「3つの視点」

一発ＯＫが出る資料をつくる人は、最後の詰めもしっかりしています。資料が完成したあとに、次の３つの基準で最後のチェックをするのです。

①全体構成に矛盾がないか。
②資料のページ数と「説明する時間」のバランスがよいか。
③データの間違い、文章の誤字・脱字がないか。

この３点は、必ず別々にチェックします。
一度に全体構成の矛盾と文章の誤字脱字のチェックをすると、「今、何をチェックしているのか」が曖昧になり、チェック漏れを起こす原因となるのです。

全体構成に矛盾がないかをチェックする場合、資料を**すべて一覧できる状態**で行なうことがポイント。会議室のテーブルに資料を並べて見るのが理想ですが、A４用紙に縮小サイズの４～９ページ分をまとめて印刷してもＯＫです。

「印刷」の「プリンターのプロパティ」の「ページレイアウト設定（※プリンターによって表現は異なります）」という項目で、「４ｉｎ１」「９ｉｎ１」を選び印刷します。２～３枚の紙を並べるだけで全体を俯瞰《ふかん》してみることができます。

チェックするポイントは、「資料の前半と後半で言っていることがズレていないか」「ムダな情報が入っていないか」「メインメッセージの主張の根拠をボディのグラフや図で示せているか」です。

次に、資料のページ数と「説明する時間」のバランスをチェックします。

説明する時間に比べて資料の分量が多いと、説明が早口になり会議の参加者がついていけません。逆に分量が少ないと、それぞれのページを説明する時間が長くなり会議の参加者の意識が散漫になります。何事もバランスが重要なのです。

チェックの際は、資料を見ながら実際に**声に出して説明する**こと。黙読するスピー

## 一発OKが出る人は「3つの視点」でチェックする!

### ① 全体の構成に矛盾はないか

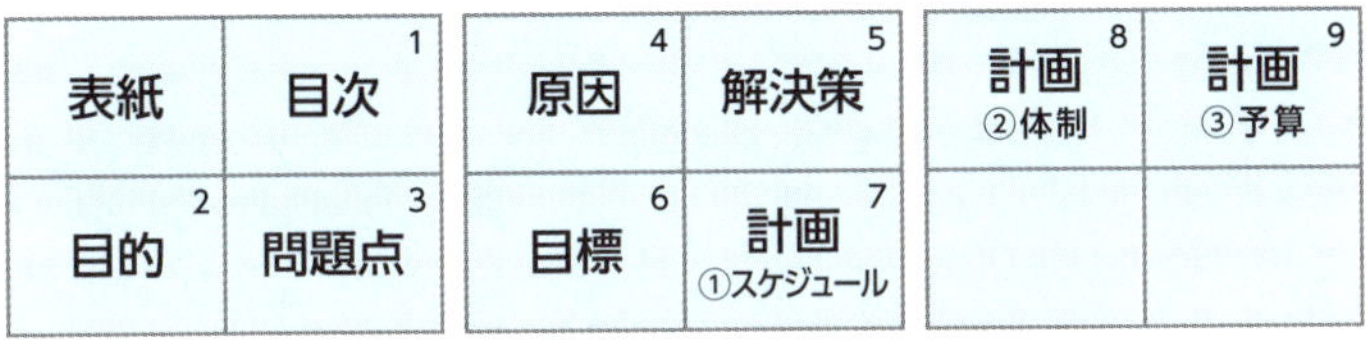


**すべて一覧でチェックする**

- ☑ 資料の前半と後半で矛盾はないか
- ☑ ムダな情報が入ってないか

### ② ページ数と時間のバランスは合っているか

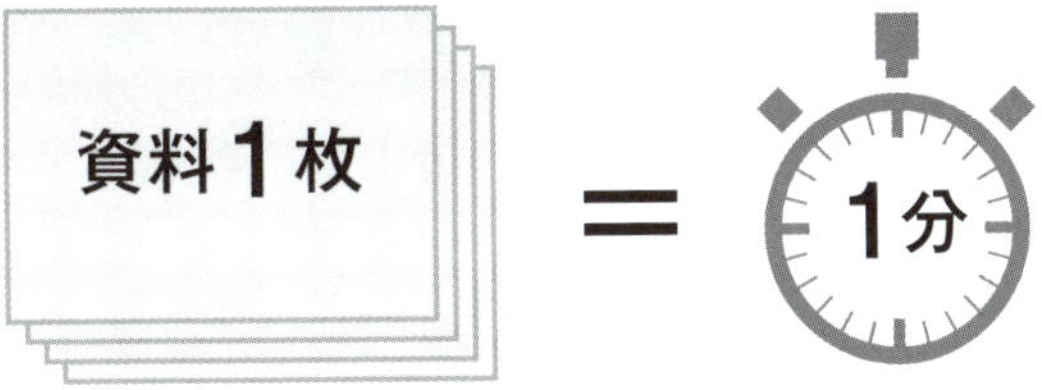


### ③ データの間違い、誤字・脱字はないか

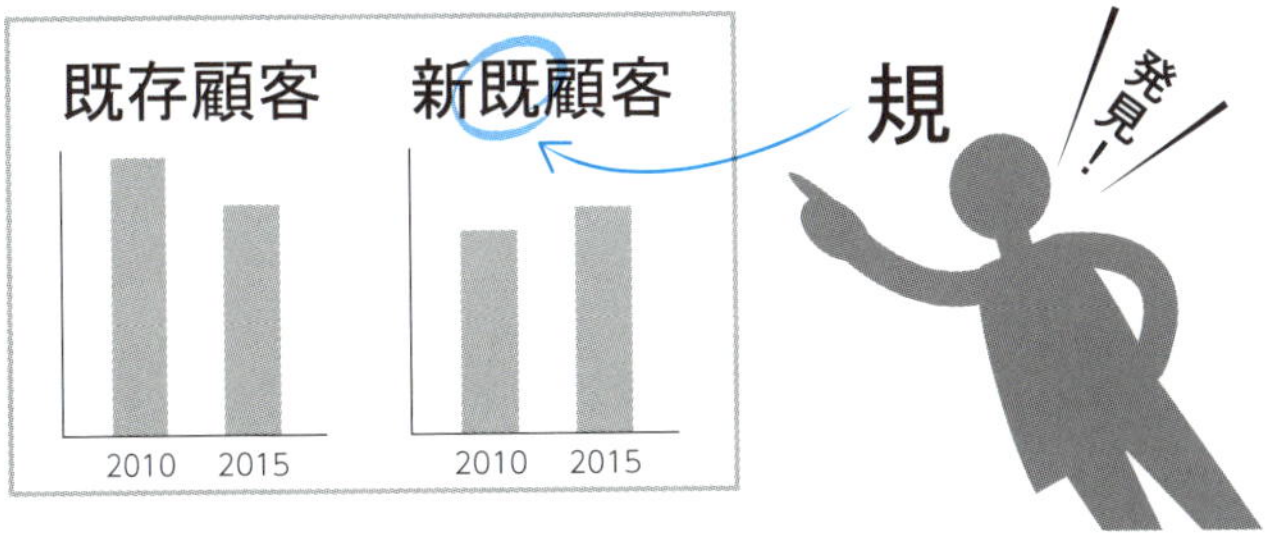

ドと、音読するスピードは違うため、必ず音読をしてください。

「話す順番と資料上で目にとまる文字の順番が合っているか」「話して違和感のある部分はないか」「ムダに長い説明になっている部分はないか」といった視点でチェックします。上司や同僚に聞いてもらい、客観的な意見をもらうのもいいでしょう。

最後は、「データの間違い、文章の誤字脱字がないか」をチェック。

参考資料もすべて印刷して、不自然な数字はないかをチェックします。

よくありがちな間違いは、桁の間違い、エクセルの計算式の間違いなどです。すべてを確認できませんが、電卓でいくつか抜き取りチェックをします。

次に、誤字脱字チェック。特に部門名、個人名が間違っていないかに気を配ります。会議参加者の部門名が間違っていると印象を悪くします。また、「マネージメント」と「マネジメント」といった言葉の統一にも注意を払います。

最後は、配布する資料を**本番と同じ形のステープラー止めをして印刷**してみます。見づらい部分はないか、文字や図形がズレていないかなどをチェックします。

一発OKが出る資料をつくる人は、このように最後まで気を抜きません。極端な話、資料の最後のチェックのしかた次第で、承認を得られるかが決まるのです。

これで
資料づくりは
バッチリ!

## 参考文献

『新版 問題解決プロフェッショナル』 齋藤 嘉則（著） ダイヤモンド社
『新版 考える技術・書く技術』 バーバラ・ミント（著） 山崎 康司（訳） ダイヤモンド社
『[実況] ロジカルシンキング教室』 グロービス（著） 嶋田 毅（著） ＰＨＰ研究所
『プレゼンテーションＺＥＮ 第2版』 ガー・レイノルズ（著）、熊谷 小百合（訳） 丸善出版
『マッキンゼー流 プレゼンテーションの技術』 ジーン・ゼラズニー（著）
数江 良一／菅野 誠二／大崎 朋子（訳） 東洋経済新報社
『プレゼンの勝つテクニック』 天野 暢子（著） 実業之日本社
『「伝わるデザイン」PowerPoint 資料作成術』 渡辺 克之（著） ソーテック社
『超シンプル図解術』 永山 嘉昭（著） すばる舎
『キャズム』 ジェフリー・ムーア（著） 川又 政治（訳） 翔泳社
『超・箇条書き』 杉野 幹人（著） ダイヤモンド社

協力：コクヨ株式会社　［コクヨの研修］スキルパーク
本文DTP：佐藤正人（オーパスワン・ラボ）

一発《いっぱつ》OK《オーケー》が出《で》る資料《しりょう》
簡単《かんたん》につくるコツ

著　者――下地寛也（しもじ・かんや）
発行者――押鐘太陽
発行所――株式会社三笠書房
〒102-0072 東京都千代田区飯田橋3-3-1
電話：(03)5226-5734（営業部）
：(03)5226-5731（編集部）
http://www.mikasashobo.co.jp
印　刷――誠宏印刷
製　本――若林製本工場

編集責任者　清水篤史
ISBN978-4-8379-2674-0 C0030